A Contribuição Social como Núcleo do Sistema Jurídico Exacional

A Arrecadação de Contribuição Previdenciária na Justiça do Trabalho

Luciano Marinho de Barros Souza Filho

Procurador Federal. Graduado, Pós Graduado lato sensu e mestre em Direito. Professor Universitário.

A Contribuição Social como Núcleo do Sistema Jurídico Exacional

A Arrecadação de Contribuição Previdenciária na Justiça do Trabalho

EDITORA LTDA.
© Todos os direitos reservados
Rua Jaguaribe, 571
CEP 01224-001
São Paulo, SP – Brasil
Fone: (11) 2167-1101

LTr 4308.2
Abril, 2011

Visite nosso site:
www.ltr.com.br

Dados Internacionais de Catalogação na Publicação (CIP)
(Câmara Brasileira do Livro, SP, Brasil)

Souza Filho, Luciano Marinho de Barros
A contribuição social como núcleo do sistema jurídico exacional : a arrecadação de contribuição previdenciária na justiça do trabalho / Luciano Marinho de Barros Souza Filho. — São Paulo : LTr, 2011.

Bibliografia.
ISBN 978-85-361-1715-7

1. Arrecadação (Direito previdenciário) 2. Contribuições previdenciárias — Brasil 3. Contribuições previdenciárias — Leis e legislação — Brasil 4. Contribuições sociais 5. Justiça do trabalho — Brasil I. Título.

11-00895   CDU-34:368.025.1:347.998:331(81)

Índice para catálogo sistemático:

1. Brasil : Contribuições previdenciárias : Arrecadação na justiça do trabalho : Direito   CDU-34:368.025.1:347.998:331(81)

Este livro é dedicado a minha prodigiosa filha: Maria de Andrade Lima Marinho, que, embora tão jovem, contrarie a ordem natural da vida, tanto me ensinando e tão pouco se deixando ensinar.

Sumário

Apresentação — Ana Maria Aparecida de Freitas 11

Capítulo 1 — Introdução 13

1.1. Do sistema tributário nacional e do sistema exacional de contribuições sociais 15

1.2. Contextualização das principais propostas de reformas à tributação e considerações iniciais à abordagem temática 23

Capítulo 2 — A Contribuição Social como Elemento Nuclear de um Sistema Exacional Previdenciário 27

2.1. Viabilidade da proposta teórica de nuclearização tributário-exacional da Contribuição Social 27

    2.1.1. Resultado do Regime Geral da Previdência Social — RGPS 31

    2.1.2. Visão geral do orçamento 2009 33

    2.1.3. Visão geral das despesas discricionárias no orçamento 2009 34

2.2. Contribuição Social como elemento nuclear do (sub)sistema exacional-tributário . 37

    2.2.1. Pontuações propositivas iniciais 37

    2.2.2. Das principais características da reforma proposta 43

    2.2.3. Dos impostos com destinação específica 45

    2.2.4. Das contribuições sociais 46

    2.2.5. Conclusões 49

2.3. Legitimidade da mecânica fiscal-previdenciária: das técnicas de revalorização implícita e de procedimentalização do subsistema arrecadatório-exacional 50

    2.3.1. Considerações prévias 50

    2.3.2. Pressupostos da democracia original e análise das correntes contratualistas na ótica do subsistema fiscal arrecadatório-trabalhista 53

    2.3.3. O problema do conteúdo ético-normativo e a técnica de legitimação procedimental 56

    2.3.4. Aplicação contemporizada da teoria da "legitimidade pelo procedimento" à mecânica do subsistema de execução da contribuição social previdenciária na na esfera da Justiça do Trabalho 59

    2.3.5. Conclusões 62

Capítulo 3 — Breves Notas sobre Custeio e Benefício Vinculados às Contribuições Previdenciárias de Competência da Justiça do Trabalho 64

Capítulo 4 — A Dinâmica do (Sub)sistema Exacional Previdenciário Trabalhista: Aspectos Práticos 69

4.1. Tópicos polêmicos da cobrança de contribuição social pela Justiça do Trabalho 69

    4.1.1. Introdução 69

    4.1.2. Polêmica da legislação aplicável 70

    4.1.3. Do difícil enquadramento processual da União no rito de cobrança de contribuição social na esfera trabalhista e da natureza jurídica mista da decisão final trabalhista 72

    4.1.4. Das conclusões preliminares e das indagações remanescentes 75

4.2. Comentários às repercussões da Súmula Vinculante que limitará a competência da Justiça do Trabalho para cobrança de contribuição social 80

    4.2.1. Contextualização 80

    4.2.2. Comentários 82

    4.2.3. Do elemento demográfico 83

    4.2.4. Da tendência político-estrutural dominante 85

    4.2.5. Do subsistema arrecadatório parafiscal *sui generis* à problematização aplicado à competência da Justiça do Trabalho na execução *ex officio* do reconhecimento de vínculo concedido em CTPS advindo de processo judicial trabalhista 86

    4.2.6. Da contribuição social na órbita trabalhista e das indagações preliminares e conclusivas 89

4.3. Do critério de cálculo de contribuição social na esfera trabalhista 96

    4.3.1. Abordagem prévia 96

    4.3.2. A legislação e as principais teses interpretativas 97

    4.3.3. Das conclusões 104

4.4. Da prescrição e da decadência na cobrança de contribuições previdenciárias decorrentes de ações trabalhistas 105

    4.4.1. Decadência e prescrição no ordenamento pátrio 105

    4.4.2. Decadência e prescrição aplicadas ao subsistema de arrecadação contributivo-previdenciário-trabalhista 108

Capítulo 5 — Considerações Finais 113

Referências bibliográficas 119

Anexos 129

Anexo A: Incógnitas e valores das leis orçamentárias anuais 129

Anexo B: Estudos e valores de contribuições previdenciárias arrecadadas pela Justiça do Trabalho 134

Anexo C: Íntegra do julgado — Processo STF — RE n. 569.056/PA 142

Apresentação

Ao ser convidada para elaborar a apresentação do livro do professor Luciano Marinho Filho, confesso que senti um misto de grande alegria e honradez.

Alegria, em razão de saber que vem a público o fruto de um trabalho árduo de pesquisa, dedicação e de indescritível qualidade técnica, que trará ao leitor uma dimensão mais pormenorizada acerca das contribuições sociais, mais notadamente a contribuição previdenciária arrecadada por intermédio da Justiça do Trabalho, nas lides trabalhistas, e sua destinação.

Honradez, pois é grande a responsabilidade de convidar o leitor a se debruçar sobre tema espinhoso, mas de tão relevante significado, pois, pela via transversa, é a partir dessa exação que o Poder Público tem condições de implementar suas políticas de dignificação da pessoa humana e de valorização social do trabalho, primados fundamentais de nossa Carta Magna. Contribuintes e Estado são chamados à sua responsabilidade social para com o bem-estar social da população, no presente, com vista ao futuro.

Ao ler a obra, compreendi a magnitude da preocupação do autor com o Sistema Previdenciário ao demonstrar a necessidade de as políticas públicas serem planejadas, a fim de envolver as gerações sucessivas, em toda sua plenitude, quer com relação aos benefícios previdenciários, quer com os serviços ou planos assistenciais, em um Estado Democrático de Direito, que vem despontando no cenário mundial como uma grande potência, neste século XXI.

Como pretender que a nação consolide seu papel de país líder na América Latina sem políticas que valorizem o trabalho, a produção e a independência econômica, com responsabilidade social?

Considerando que a Seguridade Social está assentada em um tripé — Saúde, Previdência e Assistência —, é a partir da arrecadação tributária financiada por toda sociedade, juntamente com a União, Estados, Distrito Federal e Municípios, que toda população é beneficiada pelo Sistema, mesmo aqueles que nunca contribuíram.

Esta obra, espelha uma realidade atual do nosso Sistema Previdenciário, inclusive com referências ao Direito Comparado, trazendo tabelas e gráficos demonstrativos dos números da população brasileira, revelando, dentre outras questões, o quanto os brasileiros vêm alcançando idade mais avançada a cada década, e, via de consequência, necessitando muito mais do amparo da Previdência Social.

Demonstra, ainda, algumas leis orçamentárias, os números da arrecadação tributária dos últimos anos, inclusive de contribuições sociais, e a arrecadação da contribuição previdenciária na Justiça do Trabalho, revelando que o legislador derivado acertou em cheio ao conferir competência para este ramo da Justiça Especializada para executar tal exação.

É indubitável, pois, a grande importância desta obra para o mundo acadêmico. Convido todos para uma excelente leitura!

Recife-PE, novembro de 2010.

Ana Maria Aparecida de Freitas
Juíza do TRT6. Diretora da Esmatra VI.
Professora Universitária.

Capítulo 1
Introdução

A presente obra é resultado de problemas jurídicos constatados pelo autor em seu cotidiano profissional, cuidando do acompanhamento das execuções de ofício realizadas pela Justiça do Trabalho, a partir da redação conferida ao § 3º do art. 114, da Constituição da República Federativa do Brasil de 1988 (CR/88), resultado da Emenda Constitucional n. 20/1998 e da Lei n. 10.035/00. A motivação, portanto, partiu de inconsistências no regime de exação de contribuição social, operado pela Justiça do Trabalho: seja pela pluralidade de entendimentos jurisdicionais em tópicos afetos a esta arrecadação, seja pela modificação sucessiva e contraditória da legislação; e mesmo pelas celeumas processuais e institutivas do ordenamento jurídico, ínsitos à mecânica arrecadatória estabelecida, que serviram de estímulo ao desenvolvimento do tema.

A importância do livro é manifesta porque somente com a racionalização das rotinas de cobrança se permite a realização da igualdade material entre contribuintes e, em linha de consequência, melhores préstimos estatais, através de resultados objetivos de qualidade e quantidade nos benefícios repassados aos segurados da previdência social. Até porque, hoje, o Regime Geral da Previdência Social (RGPS), segundo dados do governo, encontra-se deficitário, potencializando necessidade de modificações.

A hipótese de pesquisa buscou, através da análise de natureza jurídica da contribuição social e da abordagem complexa do mundo fenomenológico, ratificar consistência ou apresentar inconsistências na dogmatização da cobrança de contribuição previdenciária, atualmente implantadas, e respectivas repercussões na dinâmica socioeconômica. Assim como, se for o caso, tentar sugerir propostas de reformas a essa exação. Partiu-se da contribuição social como espécie de tributo e analisou-se sua compatibilidade, inclusão e defeitos no propósito de aperfeiçoar o regime de cobrança realizado.

Os marcos teóricos que serviram de base ao início e desenvolvimento da pesquisa foram doutrina e jurisprudência predominantes acerca da contribuição social que, por sinal, a entendem como espécie ou modalidade de tributo. Para tanto, procurou-se conferir no ordenamento os caracteres do modelo tributário inclusivo descrito pela doutrina, não descurando das razões ou motivações jurisprudenciais que a confirmaram e, por outro lado, ao mesmo tempo, comparar esta fixação aos problemas usualmente encontrados, tentando subsumir ou ensaiar outras possibilidades que porventura se mostrem potencialmente mais apropriadas a colmatar o ordenamento jurídico.

Hipóteses provisórias ou de trabalho, portanto, enquadraram a contribuição social como tipo de tributo e reconheceram sua cobrança no âmbito trabalhista como subsistema tributário. Submetemo-las ao falseamento pela análise de alguns dos institutos componentes, e pelas respostas fornecidas por eles no contexto operacional para, ao final, justificar sua permanência ou, ao revés, sugerir modificações.

A existência de problemas práticos no *modus operandi* da cobrança de contribuição social na esfera trabalhista foram constatados, a exemplo dos diferentes critérios de cálculos utilizados; do acoste de ficções jurídicas para amparar racionalidade à exação; da antinomia intensa nos regramentos; da imposição de desnaturação de rubricas componentes de exação, ora dando-lhes ênfase fiscalista, ora isentiva, sem guardar necessária sincronia de coerência ao subsistema de cobrança; todos aspectos que carecem de enfrentamento científico. Os motivos foram perquiridos no intuito de aperfeiçoar tanto a teoria quanto a dinâmica jurídicas. Procurou-se harmonizar as observações verificadas por medidas de flexibilização e contorno que mantivessem a coerência do sistema.

O texto procurou checar, como se afirmou, a partir do conceito de sistema jurídico, a unidade e a coerência da cobrança de contribuição social, particularmente, aquelas realizadas pela Justiça trabalhista, e os efeitos dela no mundo prático. Comparou-se o sistema de exação de contribuição social ao tributário, verificando igualdades, diferenças e particularidades que justificassem inclusão daquele a este, gerando um subsistema ou, ao contrário, formando outro sistema próprio, diferenciado.

Principais características das exações foram descritas, elementos constituintes dos institutos estudados também foram ajuntados, gráficos estatísticos construídos e apresentados para justificar dados quantitativos e repercussões deste tipo de cobrança e sua obediência ou pertinência ao subsistema teórico, comprovando-se a hipótese de trabalho ou, noutra via, impondo-se reforma ao sistema exacional.

O trabalho se dividiu em quatro tópicos que redundaram nos respectivos capítulos, afora a introdução e as considerações conclusivas. Na introdução procurou-se apresentar em ligeiras linhas o sistema tributário e o exacional contributivo-previdenciário no âmbito da Justiça Trabalhista. Cuidou-se de mostrar similitudes e particularidades. Perquiriu-se a natureza jurídica da contribuição social, tentando descortinar razões para existência de um procedimento arrecadatório especial. Ainda em sede inicial, contextualizou-se a necessidade de reforma exacional-fiscal em sede nacional, a despeito de pontuações ilustrativas de cunho internacional ou comparado.

O segundo capítulo traz um estudo das leis orçamentárias do Brasil na última década, revelando a discricionariedade de fluxo nas verbas públicas, particularmente aquelas ligadas ao fundo previdenciário; por outro lado, constata o aumento progressivo de necessidade assecuratória por parte da população e propõe, em face das circunstâncias socioeconômicas e de sua importância inata no bojo societário, uma teorização exacional--fiscal na qual se privilegia a contribuição social.

O capítulo subsequente se concentra em estudar o regime arrecadatório de contribuições previdenciárias, realizado de ofício pela Justiça do Trabalho, demonstrando as imperfeições e especificidades deste subtipo de exação; as rotinas internas; algumas antinomias normativas; as diferentes interpretações, reflexos e realidades práticas imanentes. Depois, como desenvolvimento, detém-se em aspectos processuais ligados aos procedimentos de arrecadação, questionando contemporâneos julgados do Supremo Tribunal Federal e do Tribunal Regional do Trabalho da 6ª Região relativos ao tema, abordando limite e alcance da competência da especializada em realizar tal cobrança, critérios de cálculos de contribuições sociais e acessórios, além de questões ligadas à prescrição e à decadência. Ao final, aponta efeitos constatados na prática e sugere contornos na tentativa de aperfeiçoar e harmonizar o sistema jurídico arrecadatório vigente.

1.1. Do sistema tributário nacional e do sistema exacional de contribuições sociais

Na afirmação de Juan Manuel Teran, professor da Universidade do México: "sistema é um conjunto ordenado de elementos segundo uma perspectiva unitária"[1]. Sistema, desta sorte, é um conjunto de elementos interligados e agrupados em torno de princípios básicos. Já os princípios são vistos como normas diretoras de um sistema. Não é a soma de elementos que revela um sistema, mas a conjugação de elementos inter-relacionados com princípios fundamentais, compondo um todo coerente, harmônico e indecomponível. Na expressão de Eduardo Jardim: "podemos conceituar Sistema Tributário Nacional como conjunto de normas organizadas harmonicamente no Texto Supremo, as quais versam matéria tributária e jazem reunidas ao derredor de princípios fundamentais".[2]

As normas componentes do sistema tributário se estruturam pelas regras (dispositivos) e pelos princípios. Essa normatização primária se encontra estampada na Carta Magna entre os arts. 145 até 162. Depois, pormenorizadas pelo regramento contido na Lei n. 5.172/66 (recepcionada pela CR/88 como lei complementar), também pelas leis ordinárias e atos normativos secundários. São princípios constitucionais-tributários: estrita legalidade, anterioridade, uniformidade geográfica, não discriminação tributária em razão da origem ou destino dos bens, imunidade, capacidade contributiva, vedação à tributação confiscatória, igualdade estrita, seletividade e essencialidade, não cumulatividade, progressividade, indelegabilidade da competência tributária, tipicidade, entre outros.

A previdência social, nesta obra, é tomada na perspectiva de direito subjetivo, exercitado em face da sociedade a que pertence, garantindo contornos aos infortúnios que afetem a capacidade de trabalho e subsistência.

---

(1) TERAN, Juan Manuel. *Filosofía del derecho*. México: Porrúa, 1952. p. 14.
(2) JARDIM, Eduardo Marcial Ferreira. *Manual de direito financeiro e tributário*. 6. ed. São Paulo: Saraiva, 2003. p.149.

Os principais modelos previdenciários se classificam como públicos e/ou privados; contributivos (de repartição e de capitalização) e não contributivos.

Sistemas contributivos (foco nos contribuintes) são aqueles que adotam regramentos cujos aportes financeiros provêm de contribuições sociais advindas de diferentes pessoas físicas e/ou jurídicas componentes da coletividade. Abrangem os potenciais beneficiários do sistema e outros entes apenas indiretamente ligados, cuja obrigatoriedade contributiva decorre do ônus de exercício de atividade econômica e do risco de produção.

Contribuições sociais representam modalidade de exação destinada exclusivamente a servir de base financeira para as prestações previdenciárias, embora, no sistema brasileiro, também englobem atuação assistencial e de saúde pública.

Nos sistemas não contributivos, a arrecadação não provém de tributo específico, mas de destinação de parcela de arrecadação tributária geral ou de repasse de receita própria do Estado, não existindo contribuintes identificáveis. É o caso da Austrália e da Dinamarca.

No sistema contributivo de capitalização (foco na forma de utilização dos recursos obtidos), a cotização se faz por indivíduos ou grupo deles (segurados), durante certo tempo e valor, para que possa ter direito a benefícios. Cria-se um fundo com lastro possível de assumir necessidades previdenciárias dos participantes. São exemplos os planos individuais de previdência privada, os fundos de pensões, as entidades fechadas de previdência complementar, entre outros. Neles a participação do Estado é mínima ou inexistente e a do empregador variável, consoante normatização específica (CR/88, art. 202, cf. EC n. 20/98). A ênfase é maior no próprio segurado.

Já na modalidade contributiva por repartição, existe transferência a fundo para atendimento mais diluído ou menos identificável entre os participantes. Repousa o ideal de solidariedade entre gerações. É o modelo previdenciário brasileiro, conforme CR/88, art. 201, *caput* e art. 149 e parágrafo único. Embora a sustentação do regime, supletivamente, possa recair ao Poder Público (cf. Lei n. 8.212/91, art. 16, parágrafo único). O Brasil, portanto, adota o sistema de repartição como modelo padrão e o regime complementar-facultativo, mediante sistema de capitalização.

Os sistemas privados de previdência[3] são modelos nos quais os trabalhadores contribuem individual e compulsoriamente para planos particulares. O Estado apenas regula e fiscaliza a imposição de vinculação dos trabalhadores a um plano de previdência reservado. Mantém, ainda, plano assistencial mínimo aos que não conseguirem cotização para recebimento de benefícios. É o modelo empregado no Chile, no México e no Peru.

De acordo com a CR/88, art. 195, trata-se de dever imposto à sociedade, de forma direta e indireta, mediante recursos provenientes dos orçamentos da União, dos Estados,

---

(3) Para aprofundamento vide: <http://www.ipea.gov.br/pub/td/td_516.pdf>.

do Distrito Federal, dos Municípios e de contribuições sociais do empregador, da empresa e de entidade equiparada, incidentes sobre folha de salários e demais rendimentos do trabalho, receita ou faturamento e lucro; do trabalhador e demais segurados da previdência social; sobre receita de concursos de prognósticos e do importador de bens e serviços do exterior ou equiparado legal.

Em função dos propósitos desta obra, cuja direção é cuidar da cobrança de contribuição social decorrente de ações trabalhistas, não se desenvolverão questões da incidência de contribuição social sobre faturamento ou lucro, nem preocupações sobre custeio dos importadores de bens e serviços do exterior, nem dos concursos de prognósticos.

Aliás, no Brasil, o próprio conceito de Seguridade Social — conforme CR/88, arts. 194/204 — é mais abrangente e engloba não apenas previdência social (benefícios e serviços previdenciários), mas também ações de saúde e ações assistenciais.

A realidade da seguridade social nacional compreende limitações e incongruências graves. É composta de sistema contributivo (contribuintes obrigatórios fixados) e cobertura estatal suplementar (com previsão orçamentária). Possui fluxos de aportes financeiros entre fundos de seguridade e previdência sociais e a União, o que representa mistura de sistemas incompatíveis entre si, na medida em que adota regimes assistenciais e contributivos conjuntamente. De acordo com a doutrina, existe permissivo constitucional para aporte financeiro por outras fontes de custeio, usando-se a CR/88, pelo seu art. 154, I.

A Emenda Constitucional n. 20, de 1998, alterou, sobretudo, o art. 195 da CR/88 que significou: instituição de alíquotas e base de cálculos diferenciadas, em função da atividade econômica desenvolvida, do uso e risco (acidente de trabalho e doença ocupacional) da mão de obra empregada (Lei n. 9.732/98); minimização dos desvios de recursos da previdência *stricto sensu* para o SUS ou entidades beneficentes e entre previdência e União, procurando restabelecer a coerência do sistema contributivo; enriquecimento nas concessões de remissões e anistias aos débitos de INSS (Instituto Nacional do Seguro Social) para empregadores sobre folhas de pagamentos e contribuições retidas de estipêndios dos empregados, em valor acima do fixado em lei complementar.

A previdência do regime geral possui como características marcantes: orçamento autônomo (CR/88, art. 165, § 5º, item III); destinação ampla para pagamento de benefícios do Regime Geral da Previdência Social (CR/88, art. 167, X) e normatização tributária especial ou *sui generis*.

O custeio da seguridade social é relação estatutária obrigatória, imposta a toda a sociedade: trabalhadores, empregadores (empresa e entidade equiparada), segurados facultativos, apostadores de concursos de prognósticos e importadores de bens ou serviços do exterior ou equiparados legais.

No sistema contributivo nacional, podem-se apontar duas subespécies: a contribuição social individual, reservada em conta própria, em sistema de capitalização (ex: Fundo de Garantia por Tempo de Serviço — FGTS) e as contribuições em fundo único de sistema repartido (INSS).

São ainda particularidades do RGPS a participação da União (CR/88, art. 165, § 5º, III) no seu orçamento, visando à garantia do sistema previdenciário, através de dotações da União, fixadas na Lei Orçamentária Anual (LOA), objetivando cobrir ou complementar a cobertura da previdência social (Lei n. 8.212/91, art. 16). Deve-se mencionar que consoante a Lei 8.212/91, no seu art. 17, para pagamento dos encargos previdenciários da União, poderão contribuir os recursos da Seguridade Social, referidos na alínea d, do parágrafo único do art. 11, da lei de custeio, na forma da Lei Orçamentária Anual, assegurada a destinação de recursos para as ações de Saúde e Assistência Social. Também o custeio das despesas com pessoal e administrativo geral do INSS, salvo receita sobre concursos de prognósticos, cuja destinação se restringe aos benefícios e serviços prestados pela Seguridade Social (Lei n. 8.212/91, art. 18).

A competência para instituir contribuição social é da União (regra geral). Podem, entretanto, Estados, Distrito Federal e Municípios instituir sistema de previdência e assistência social aos seus servidores.

Em termos conceituais, entende-se por contribuição social "valores com que, a título de obrigações sociais, contribuem os filiados, e os que o Estado estabelece para manutenção e financiamento dos benefícios que outorga."[4] ou "Espécie de tributo com finalidade constitucionalmente definida, a saber, intervenção no domínio econômico, interesse de categorias profissionais ou econômicas e seguridade social".[5]

Pelo menos três fortes teorias descrevem a natureza jurídica da contribuição social: a teoria fiscal exalta a natureza tributária da contribuição, pois a entende como prestação pecuniária compulsória, instituída por lei e cobrada pelo ente público arrecadador com finalidade de custear as ações nas áreas de saúde, previdência e assistência social (CR/88, art. 149). Contempla, portanto, os impostos, as taxas, as contribuições de melhorias, os empréstimos compulsórios e as contribuições sociais. A teoria parafiscal, diferentemente, busca suprir encargos que não são próprios do Estado. Possui orçamento distinto da União, tanto dos seus orçamentos provenientes de receitas próprias quanto derivadas; destino específico de atendimento das necessidades econômicas e sociais, amparando determinados grupos ou categorias profissionais; regime diferenciado de contabilização financeira. Caracteres que afastam a natureza fiscal propriamente

---

(4) VALLEJO, César Gala. *La cotización de los seguros sociales*. Madri: 1956. p. 33, apud CASTRO e LAZZARI. *Manual de direito previdenciário*. 8. ed. Florianópolis: Conceito Editorial, 2007. p. 204.

(5) MACHADO, Hugo de Brito. *Curso de direito tributário*. 27. ed. São Paulo: Malheiros, 2006. p. 419. O que aqui se pretende esclarecer com os dois conceitos de contribuição social ajuntados é a pluralidade de ênfase que se deposita nos diferentes conceitos formulados, ora dirigem-se a preocupações fiscais, ora parafiscais, ora ainda previdenciária estrita.

dita e, por fim, a teoria da exação *sui generis*, compreendendo a contribuição social uma imposição estatal atípica, prevista na Constituição e legislação ordinária, cuja natureza jurídica é especial. Ou, no dizer de Wladimir Novaes Martinez[6]:

> Abrigando-se a existência de um sistema exacional nacional, persistentes regras universais comuns às espécies tributárias e securitárias e inexistente menção à contribuição social previdenciária no art. 149 da Lei Maior (*sic*), o aporte econômico-financeiro ora cogitado é salário socialmente diferido, e juridicamente, exação não tributária.

Esse complexo formado pelas três teorias descritas acima formam um plexo de tridimensionalidade não discreta, mas difusa e contínua, cuja intensidade é gradualmente modificada a depender da situação concreta em apreço. Por isso, se mostra tão difícil cerrar o fenômeno da contribuição social na modalidade tributária simplesmente. É dizer: apesar de reconhecermos caracteres de tributação nas contribuições sociais, não somente disso ela parece se compor. Para justificar essa catalogação, ora se privilegia um princípio ou aplicação de regra, dispositivo, em detrimento de outros; ora se permite maior ou menor flexibilização principiológica de princípios gerais ou mesmo normas-dispositivas, neste último caso, criando verdadeiras ficções jurídicas que permitam amparo às premissas de tributação forçosamente assumidas.

A bem da verdade, apesar da grande maioria da doutrina e mesmo da compreensão atual do Supremo Tribunal Federal, no sentido manifesto de que o instituto da contribuição social é espécie de tributo, tal conclusão gera vários problemas práticos que fragilizam organicamente o sistema e promovem contornos flexibilizadores não justificáveis na órbita da tributação.

Como elementos do mundo prático constantes da fenomenologia da execução de contribuição social na órbita trabalhista, citamos, ilustrativamente: os dois principais regimes de cálculo e cômputo de contribuição previdenciária — regime de caixa e regime de competência. Naquele, somente a partir da condenação ou acordo homologado e liquidado, de uma só vez, incide a exação previdenciária, enquanto neste, o inadimplemento ocorre periodicamente, em função do labor prestado, portanto, devido, embora não pago. Isso significa dizer que, por esse sistema de cálculos, existe rateamento mês a mês, com inclusão de juros e multa desde a realização paulatina da prestação de serviço, responsabilizando-se o contribuinte (empregador ou contratante) tanto pela sua cota-parte quanto pelos acessórios a que deu azo, advindos da omissão, inclusive sobre as parcelas que seriam de responsabilidade do trabalhador. Essa dualidade ou desarmonia julgadora tem um efeito perverso, pois pode gerar decisões diferentes que se refletem anti-isonômicas entre os contribuintes. Em virtude da ausência de unidade, desestimula-se o cumprimento espontâneo e/ou busca de composição

---

(6) MARTINEZ, Wladimir Novaes. *Curso de direito previdenciário.* Tomo I, Noções de Direito Previdenciário. São Paulo: LTr, 1997. p. 272.

direta na esfera administrativa, devido ao regime necessariamente mais capitalizado e por ela empregado, fazendo com que recalcitrantes obtenham na justiça a legitimação de pagamentos previdenciários menores do que os efetivamente devidos.

Retomaremos alguns dos problemas incrustrados no regime de cobrança em comento e que representam circunstâncias que comprovam a inconsistência das contribuições sociais serem entendidas como exclusivamente de índole tributária. A inclusão de precárias ficções jurídicas ou flexibilizações, visando contornar casos práticos, conquanto comuns, não se mostram suficientes para sanear o sistema. Como se admitir a homologação judicial de acordos baseados em transação preliminar? Ou seja, como tributariamente se mostra possível compatibilizar no acordo verbas de cunho disponíveis, decorrentes da relação de trabalho de outras indisponíveis; a exemplo da contribuição social atrelada ao mesmo feito? Mais: como, tributariamente, classificar o papel processual da União na execução de ofício realizada? Seria verdadeira parte processual, quando sequer participa da etapa cognitiva ou de acertamento jurídico? Como reconhecer pertinência de contribuição social ao sistema de tributação numa modalidade exacional, na qual sequer existe lançamento tributário nem se permite qualquer analogia em face da legalidade estrita e da tipicidade fechada componentes desse sistema? Teríamos a incidência e cobrança de tributo sem lançamento? Como justificar inclusão de princípios modificados ou particularizados no sistema tributário à semelhança da anterioridade nonagesimal? Como impedir embaraços processuais aos recursos das partes e da União em caso de proferimento de sentença sem abordagem de mérito quanto ao critério de cálculo de contribuição social a ser utilizado na execução ou das verbas tidas como salariais? Não haveria cerceamento de defesa? Como permitir que a União recorra de acordo homologado diretamente no tribunal? Não haveria ofensa ao duplo grau de jurisdição?

É exatamente em função da característica exacional específica, a despeito se constituir corrente contramajoritária, que se permite melhor compreender a fenomenologia da cobrança de contribuição social, enfaticamente, o subsistema exacional-previdenciário, realizado pela Justiça do Trabalho. É com o reconhecimento de particularidades que se evitam inclusões de elementos, exceções ou temperamentos incompatíveis com a tributação autêntica, abordando, então, o fenômeno jurídico com mais segurança e congruência.

A tese defendida, nesta obra, entende a complexidade da fenomenologia da contribuição social, gradativamente, incorporando as três esferas de natureza jurídica. Possui características e elementos das três correntes ontológicas. Ora parecem intensificar uma corrente, ora outra. E servem para demonstrar sua marca distintiva. Por isso, em caso de definição classificatória unitária, razão assiste aos doutrinadores que veem na contribuição social uma modalidade de exação *sui generis*, situação que justifica toda aparente anomalia ou diferenças constatadas no regime de tributação típico.

NATUREZA JURÍDICA DA CONTRIBUIÇÃO SOCIAL

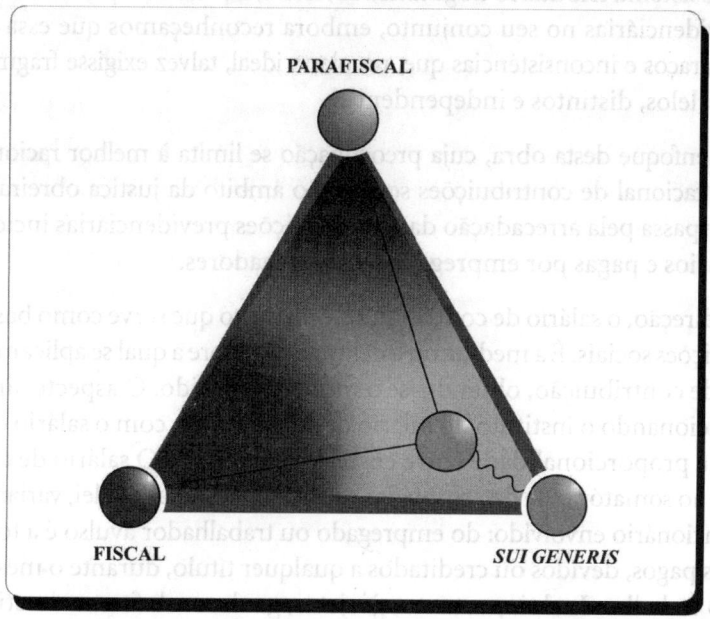

São elementos estruturantes das contribuições sociais: obediência relativa ou parcial aos princípios tributários (a exemplo da tipicidade, da legalidade ou da anterioridade), assim como às normatizações tributárias gerais (a exemplo dos delineamentos contidos na Lei n. 5.172/66 — Código Tributário Nacional). Possuem regulamentação constitucional autorizativa, em algumas hipóteses, para instituírem exações diretamente por lei ordinária (EC n. 20/98, art. 195, I, II, III e IV, embora noutras, quando instituírem novas fontes de custeio (CR/88, art. 154, I) careçam de lei complementar reguladora.

O fundo da previdência social provém de receitas de contribuições sociais diretas e indiretas. As diretas comportam as contribuições dos segurados, das empresas e equiparados e dos concursos de prognósticos; enquanto as indiretas compõem-se das multas, remuneração recebida por serviços realizados de arrecadação, fiscalização e cobrança prestadas a terceiros, advindas de doações, legados, de repasse de leilões de bens apreendidos pela Receita Federal, entre outros (Lei n. 8.212/91, art. 27).

Tais especificidades ínsitas à contribuição social, na pureza científica, parecem exigir um sistema exacional próprio, com especificidades divergentes do sistema tributário ou do sistema parafiscal. Em função, entretanto, do caráter dinâmico da fenomenologia exacional, imiscuindo caracteres plurais e de reconhecida aproximação à esfera dos tributos, preferiu-se, na prática, renegar um novo sistema exacional, sem maiores contornos sequer definidos, criando temperamentos ao sistema tributário que passou a incluir as contribuições sociais entre suas espécies. Talvez, por isso, às vezes, o tema das contribuições sociais, particularmente sua mecânica arrecadatória, apresente-se tão difícil de se hamornizar ao sistema tributário típico. E para justificá-lo se mitigue ou contemporize caracteres e especificidades, particularizando-o. Não se procura, necessariamente, desmontar o subsistema tributário dogmatizado, isto é, aquele compreendendo as contribuições previdenciárias no seu conjunto, embora reconheçamos que essa opção traga consigo embaraços e inconsistências que, no plano ideal, talvez exigisse fragmentação em sistemas paralelos, distintos e independentes.

Para o enfoque desta obra, cuja preocupação se limita à melhor racionalização do subsistema exacional de contribuições sociais, no âmbito da justiça obreira, o cerne da discussão perpassa pela arrecadação das contribuições previdenciárias incidentes sobre folha de salários e pagas por empregados e empregadores.

Nesta direção, o salário de contribuição é instituto que serve como base de cálculo das contribuições sociais. É a medida ou a delimitação sobre a qual se aplicam as alíquotas respectivas de contribuição, obtendo-se o montante devido. O aspecto sinalagmático exsurge, relacionando o instituto do salário de contribuição com o salário de benefício, gerando uma proporcionalidade entre custeio e benefícios. O salário de contribuição corresponde ao somatório de determinadas rubricas instituídas em lei, variando segundo o tipo de funcionário envolvido: do empregado ou trabalhador avulso é a totalidade dos rendimentos pagos, devidos ou creditados a qualquer título, durante o mês, destinados a retribuir o trabalho. Inclui, portanto, gorjetas, ganhos sob forma de utilidades, etc. (Lei n. 8.212/91, art. 28, I); do empregado doméstico é a remuneração registrada em Carteira de Trabalho e Previdência Social (Lei n. 8.212/91, art. 28, II); do empresário, autônomo e equiparado é o regime do contribuinte individual. É a remuneração auferida em uma ou mais empresas ou pelo exercício de sua atividade por conta própria, durante o mês, observado os limites mínimo e máximo de lei (cf. Lei n. 8.212/91, art. 28, § 5º). Do segurado facultativo é o valor por ele declarado até o limite máximo da lei. Acaso o segurado possua vários empregos, o recolhimento será proporcional entre os vínculos limitado ao teto.

Compõem o salário de contribuição as verbas de natureza remuneratória, exemplificativamente: salário *lato sensu:* salário, gratificação, abono, comissão, percentagem e diárias excedentes a 50% do salário; ganhos habituais (pagamentos indiretos): alimentação, vestuário, moradia ou transporte (excluído o vale-transporte, regularmente descontado em 6% do salário do empregado); gorjetas, gratificação natalina (Súmula n. 688 STF), férias gozadas +1/3, abono pecuniário (art. 143 da CLT) sobre os valores que excederem a vinte dias de salário. Contrário senso, a lista de verbas as quais não integram o salário de contribuição é taxativa e corresponde exclusivamente às parcelas referidas no § 9º do art. 28 da Lei n. 8.212/91 e no § 9º do art. 214 do Decreto n. 3.048/99.

Para os empregadores, a responsabilidade exacional-previdenciária na corresponsabilidade ao Fundo de Participação e Assistência Social (FPAS) possui atualmente, em média, a depender da espécie de empreendimento, alíquota de 20%, incidente sobre total da folha ou remuneração paga, devida ou creditada aos segurados: empregados, trabalhadores avulsos e contribuintes individuais; mais ainda, seguro acidente do trabalho

(SAT de 1, 2 ou 3%) e terceiros. Particularmente no tocante às empresas de altos índices de acidentes de trabalho e utilização intensa de mão de obra, de aposentadorias especiais, de instituições financeiras, de agroindústrias, de clubes de futebol profissional, empregadores domésticos e autônomos são taxativamente enfrentados diretamente pela lei de custeio da previdência social e decreto regulamentador.

As preocupações da presente obra, complete-se, cingem-se a tais contribuições porque são elas que conformam a lógica contributiva e de autossuficiência do regime previdenciário. As demais, decorrentes de lucro, receita das empresas ou dos jogos de prognósticos, por exemplo, embora sejam agregados exacionais, não se firmam como prestações sinalagmáticas; possuindo, ao contrário, natureza de mero repasse tributário ou assistencial.

1.2. Contextualização das principais propostas de reformas à tributação e considerações iniciais à abordagem temática

As atividades de exação, sobretudo a tributária, passam por impopularidade acentuada. O Brasil, à semelhança de vários países do mundo, possui estruturação complexa e sistemática arrecadatória questionável. As consequências são inúmeras, a exemplo da guerra fiscal ou da pluralidade de espécies de tributos, confundindo e causando sobrecarga fiscal, ou a alta concentração de rendas, ou a baixa recuperação de créditos fiscais; ou ainda, a multiplicação de isenções, incentivos, parcelamentos e remissões fiscais que aumentam a burocratização e incentivam o inadimplemento. Estes problemas precisam ser superados sob pena de inviabilizar o Estado.

A reforma exacional-tributária parece inadiável. A questão é a dificuldade de se apresentar teórica e concretamente quais as principais medidas a serem realizadas, assim como implantar as novas estruturas necessárias, na medida em que implicam mudança do *status quo* e representam realinhamento de interesses políticos e econômicos. A resistência, portanto, apesar de injustificável, mostra-se inevitável.

Várias ideias estão despontando como relevantes a melhorar a contextualização da tributação. Em autores europeus, predominam preocupações com a implantação do Imposto sobre Valor Agregado (IVA); outros insistem com a proposta de implantação de tributação proporcional (progressiva ou regressiva) em associação à capacidade de contribuição; outros, ainda, apostam na maior racionalidade sobre imposição tributária de rendas, bens ou patrimônio; outros, por fim, se preocupam com o modo de composição das funções de Poder (elemento subjetivo) e com os critérios de seleção ou escolha, bem como permanência e motivações dos integrantes de cúpula.

O fato é que a carga tributária no Brasil é das maiores no mundo. Decerto, sua expansão chegou ao limite máximo de tolerância. Exige-se racionalização de todo sistema exacional nacional. A implantação do Imposto de Valor Agregado (IVA), em substituição total ou parcial às contraditórias e confusas leis de Impostos de Circulação de Mercadorias e Serviços (ICMS), parece vantajosa numa abordagem liminar. O (re)nivelamento e a opção de incidência tributária, com ênfase sobre patrimônio e bens, coaduna-se à propalada proporcionalidade tributária e à redistribuição de renda. O estudo das subjacências dos critérios de ocupação e exercício do Poder também pode denotar importante aspecto de inconsistência orgânica do Estado e da tributação, no particular, porventura ressaltando embaraços ao avanço ou desenvolvimento da sistematização jurídica e social em função de marcados elementos do interesse político individual.

Além disso, a tributação nacional concentra-se sobre o questionável consumo de bens e serviços que corresponde praticamente à metade da receita total. Isso significa dizer que se privilegia a estagnação patrimonial em detrimento do dinamismo socioeconômico. Fazendo comparativos entre países de emergência, obtêm-se as seguintes tabelas:

Tabela 1

CARGA TRIBUTÁRIA NOS PAÍSES EMERGENTES		
País	Ano	Carga Tributária (% do PIB)
Brasil	2006	34,2
México	2005	16,9
Índia	2002	18,3
China	2000	15,0
Rússia	1999-2002	34,9
Fontes: Secretaria da Receita Federal do Brasil, Alvarez (2007/México), Bernardi e Franschini (2005/Índia), Grabowski e Tomalak (2005/Rússia), Zhang e Martinez – Vazquez (2003/China)[7].		

CARGA TRIBUTÁRIA BRASILEIRA POR TIPOS DE TRIBUTOS (2006)		
	R$ milhões	% PIB
Receita Tributária Total	795.011	34,2 %
Tributos sobre Comércio Exterior	9.935	0,4 %
Tributos sobre Bens e Serviços	375.872	16,1 %
Tributos sobre o Patrimônio	22.664	1,0 %
Tributos sobre a Renda	162.680	7,0 %
Tributos sobre a Mão de Obra	160.026	6,9 %
Outros	63.834	2,7 %
Fonte: Secretaria da Receita Federal do Brasil e IBGE		

Esses dados demonstram apenas uma parte do problema, embora já se antecipe não se poder assegurar, pelo menos por uma comparação sumária entre os sistemas fiscais de países semelhantes[8], maior evolução ou melhores índices de resultados ao modelo empregado no Brasil.

---

(7) As bases bibliográficas e estatísticas consultadas (estudos de Daniel Alvarez da University of Pavia; Luigi Bernardi e Angela Fraschini da Università del Piemonte Orientale Amedeo Avogadro — Alessandria; Maciej Grabowski e Marcin Tomalak) não permitiram distinguir perfeitamente o termo "carga tributária" se compreendendo ou não impostos, taxas, contribuição de melhoria, contribuição social, etc., ou seja, que espécimes efetivamente englobavam. Entretanto, no mínimo, seja pelas expressões comparativas categóricas utilizadas, seja pela própria finalidade do estudo comparado, presume-se haver igualdade de critério na comparação de tributação entre os países analisados. E qualquer que tenha sido o critério utilizado, o Brasil se manteve entre aqueles de maior tributação. Disponível em: <http://polis.unipmn.it/pubbl/index.php?paper=454>; <http://www.senado.gov.br/conleg/textos_discussao/texto49-marcosmendes.pdf; http://mpra.ub.uni-muenchen.de/ 5223/1/MPRA_paper_5223.pdf e http://www.hm-treasury.gov.uk/d/foi_flattax010805.pdf>.

(8) Os países que compreendem a afirmação deste item são, basicamente, aqueles considerados político e economicamente emergentes em função das características comuns: Brasil, Rússia, Índia, China (BRIC), incluindo-se ainda o México. A necessidade de reforma e aperfeiçoamento do sistema fiscal em todos eles se mostra uma constante, embora por diferentes motivos, no intuito de atingirem, no futuro, índices de países

O México, por exemplo, não obstante possua carga tributária mais acessível e tenha aumentado sua eficiência tributária com as sucessivas reformas empreendidas, harmonizando-se a padrões internacionais, não apresenta um quadro de autossuficiência, pois as receitas geradas não são bastantes para atender às suas necessidades.

A Índia possui particularidades de difícil superação. Universo de contribuintes pequeno para o total da população. Isenções e incentivos tributários sem uniformidade e racionalidade justificáveis. Baixa capacidade administrativa das autoridades fazendárias e alta evasão fiscal, acarretando baixo índice de arrecadação. Praticamente não dispõe de mecanismo de assistência e seguridade social.

A China vem realizando ampla reforma tributária desde 1994. E, embora percentualmente este país possua o menor peso fiscal, estimado em 15% do PIB, menor que a metade do Brasil, portanto, seus dados padecem de confiabilidade e não computam receitas extraorçamentárias das províncias, em infraestrutura e previdência social, o que elevaria a carga fiscal a mais de 20%. Afora essa fragilidade estatística, há complexa estrutura fiscal que tenciona o sistema de tributação, cambiante entre unitarismo estatal e autonomia administrativa de províncias constituintes.

A Rússia, em função da mudança de regime político-produtivo (socialismo para capitalismo) necessitou implantar novo sistema de tributação. Ampliou-se a base tributária, reduziu alíquotas, concentrou preocupações sobre receitas de exploração de recursos minerais; enfim, seguiu padrões de recomendação do Fundo Monetário Internacional (FMI). Possui estruturação relativamente semelhante ao Brasil. Carga tributária ligeiramente maior que a brasileira, apesar da existência de propostas para diminuição.

Conquanto apresente compatibilidade com várias das opções reformistas acima citadas, a perspectiva deste trabalho é diferente. Visa verificar inconsistência do regime exacional-tributário de contribuições sociais nas execuções de ofício realizadas pela Justiça Trabalhista.

Uma etapa aborda a proposta teórico-sistemática de alteração de eixo de exação. Isso exige a centralização (nuclearização) da contribuição social e a periferização (satelização) dos tributos. Naturalmente que a viabilidade dessa alteração exige análise da lei orçamentária anual e constatação da efetividade (concretização) na execução orçamentária; carece, em concomitância, da verificação do índice de vinculação de

---

desenvolvidos. A semelhança afirmada consiste, entre outros: pela economia estabilizada recentemente; pela situação política estável; pela mão de obra em grande quantidade e em processo de qualificação; pelos níveis de produção e exportação em crescimento; pelas boas reservas de recursos minerais; pelos investimentos em setores de infraestrutura (estradas, ferrovias, portos, aeroportos, usinas hidrelétricas, etc.); pelo PIB (Produto Interno Bruto) em crescimento; pelos índices sociais em processo de melhoria; pela diminuição, embora lenta, das desigualdades sociais e pelo rápido acesso da população aos sistemas de comunicação como, por exemplo, inclusão digital (celulares e internet); pelos mercados de capitais (bolsas de valores) recebendo grandes investimentos estrangeiros e pelos investimentos de empresas estrangeiras nos diversos setores de produção.

verbas públicas, assim como da apresentação de reenquadramentos de alguns institutos no ordenamento jurídico, recompondo e implantando um sistema exacional especial.

A outra parte da obra é uma espécie de subsunção da teoria à prática. Preocupa-se em destacar um tipo de exação que contextualize a proposta teórica apresentada, mantendo unidade e coerência da ordem jurídica, isto é, tente circunscrevê-la a regramentos de pertinência jurídica (existência, validade e eficácia) e de lógica prática. Ao mesmo tempo, procura-se não perder de vista a composição de uma alternativa reformista de aprimoramento da atividade arrecadadora.

Capítulo 2
A Contribuição Social como Elemento Nuclear de um Sistema Exacional Previdenciário

2.1. Viabilidade da proposta teórica de nuclearização tributário-exacional da Contribuição Social

Em princípio, deve-se perquirir acerca da possibilidade concreta de implantação da proposta a ser adiante apresentada e, sucintamente, modelada. Isso pressupõe alicerces prévios que carecem de superação. Aliás, a primeira premissa que precisa ser ultrapassada é a constatação real de existência e, se for o caso, dos respectivos parâmetros do sistema tributário nacional e sua relação com o regime exacional das contribuições sociais. No referente às características comuns, promove-se o liame de concretização reformista.

O segundo requisito a ser enfrentado são os padrões atuais de vinculação de receitas e despesas a viabilizar a ideia da nuclearidade da contribuição social e de secundarização dos impostos. Essa posição já enfrenta oposição prévia em virtude de assumir opção contramajoritária de reaproximação entre direito tributário e direito financeiro. Não se pode, na prática, autonomizar ou dissociar integralmente receita de despesa, à medida que uma justifica a outra. Por outro lado, registre-se que aqui não se discute propriamente autonomia ou campos de atuação nas disciplinas jurídicas, porém indispensável interligação entre receita e despesa.

Somente após enfrentadas essas singularidades, poderemos continuar a propositura reformista.

Historicamente no Brasil, em consonância aos estudos de Hélio Ourem[9], viveu-se (e em boa proporção ainda persiste) forte tensão entre as pessoas jurídicas de direito público (União, Estados e Municípios) pelas receitas tributárias. Ademais, a concepção de tributo pertence ao direito positivo, não sendo instituto de lógica jurídica ou universal. Variável ao longo da história, portanto. Por isso as revelações e contribuições da história,

---

(9) CAMPOS, Hélio Sílvio Ourem. O Brasil — uma breve visão histórica do Estado, das Constituições e dos tributos. *Revista Jurídica da Procuradoria Geral da Fazenda Estadual*, Belo Horizonte, p. 09-47, 2002.

no particular, carecem de adaptações. O termo tributo, oriundo do latim *tribuere*, possui, entre outras acepções, a noção de divisão ou repartição entre tribos.

Infelizmente a vinculação de receitas tributárias e as gradações e proporções de espécimes tributários (taxa, contribuição social, etc) foram subprodutos da tensão entre os entes de tributação do Estado e não consequência de uma política tributária planejada. Outro ponto foi a adoção da técnica do *grants-in-aid*[10], através da qual se permite a participação de uma pessoa política no tributo de competência para instituição de outra e que serviu, no País, também, para aumentar ou transferir participação de rendas aos Municípios. Vale, porém, revelar que a associação ou destinação de receitas a certos tipos de tributos, vinculando-os, não foram também, desafortunadamente, resultados de qualquer gerenciamento administrativo ou de racionalização de verbas públicas, mas meras contingências político-protetivas. Em outras palavras, o gestor público que tinha o ônus antidemocrático da imposição de determinada tributação, muitas vezes, perdia boa parte das receitas dele advindas para outros entes da federação, maculando sua imagem sem optimizar sua ação em face da repartição de verbas. Com a técnica da vinculação, isso poderia ser combatido. A partir de então, quem se indispusesse politicamente, criando ou majorando tributos, acaso os canalizasse para um espécime vinculado, não necessitaria repartir as receitas dele obtidas, mantendo-se a exclusividade tanto para a pessoa (criadora) quanto para o fim a que se propôs.

Essa, de qualquer modo, não é a ideia que se defende aqui. De forma diferente, pretende-se aumentar a vinculação de verbas públicas para atividades de repercussões sociais primárias e independentemente de governos e regimes partidários. O que, certamente, permitiria a diminuição de medidas gerenciais populistas no âmbito da administração pública, afora vantagens de cunho social, porquanto mais racionalizados e perenes.

Nesse viés, foram comparados dados e tendências de alguns dos elementos compositivos do orçamento público nacional. Para tanto, analisaram-se as Leis Orçamentárias Anuais da presente década (2000 até 2009) e o último estudo do Projeto de Lei Orçamentária, realizado pelo Ministério do Planejamento, Orçamento e Gestão, pelo seu ministro, Paulo Bernardo Silva, permitindo-se chegar às conclusões a seguir acostadas e aos dados complementares constantes do **Anexo A** deste texto:

---

(10) Instituto de direito anglo-saxão o *grants-in-aid* serviu como precursor de viabilização do federalismo nacional na medida em que permitiu maior grau de autonomia administrativa e financeira dos entes públicos entre si. Serviu de base para repartição de receitas e competências entre as pessoas jurídicas de direito público. E culminou, especialmente a partir da EC n. 18/1965, com a atual discriminação de competências tributárias à União, Estados, Distrito Federal e Municípios — hoje conformados na CR/88, sob o título: *Da tributação e do orçamento*.

Tabela 2

LEI ORÇAMENTÁRIA ANUAL DE 2008 - LEI N. 11.897/08 (Exercício Financeiro 2009)					
Estimativa Receita	Valores em Reais (R$)	% Receita Total	Fixação Despesa	Valores em Reais (R$)	% Despesa Total
Orçamento Fiscal	R$ 669.734.231.960,00	42,36%	Orçamento Fiscal	R$ 631.552.031.550,00	39,94%
Orçamento da Seguridade Social	R$ 386.166.966.191,00	24,41%	Orçamento da Seguridade Social	R$ 424.349.166.601,00	26,83%
Refinanciamento da Dívida Pública Federal	R$ 525.546.563.343,00	33,23%	Refinanciamento da Dívida Pública Federal	R$ 525.546.563.343,00	33,23%
Estimativa de Receita Orçamentária Total	R$ 1.581.447.761.494,00	100%	Estimativa de Despesa Orçamentária Total	R$ 1.581.447.761.494,00	100%

No que tange às Leis Orçamentárias Anuais (LOAs), têm-se, basicamente, estimativas de receitas e despesas, subdivididas em *orçamento fiscal; orçamento de seguridade social; refinanciamento de dívida pública federal*, além de rubricas autorizativas para abertura de *créditos suplementares* e *orçamento de investimentos*. Verifica-se, todavia, que o montante principal compreende aquelas três primeiras receitas e despesas citadas. Nesse patamar, restringimos nossas preocupações apenas com tais orçamentos[11].

Flutuação de parcelas integrantes do orçamento geral, por seus segmentos constituintes, ou seja, por cada um dos orçamentos componentes da lei orçamentária, é uma marca perceptível e indesejada. Tal realidade obrigou a confecção de um gráfico que exprimisse com maior nitidez a tendência ou singularidade de cada orçamento. E, por certo, é idiossincrasia a ser superada, porquanto dificulta a gerência e a sistemática financeira do Estado.

---

(11) No conjunto, como já se afirmou, leis orçamentárias de toda uma década foram analisadas e serviram de base à confecção das tabelas explicativas. A última confeccionada foi inserida no corpo do texto para facilitar a compreensão das informações analisadas e conclusões sugeridas. As demais se encontram no Anexo A ao final da obra. Para os propósitos do presente texto, entende-se que os dados estimativos já são suficientes para justificar a reforma tributária proposta. O foco preponderante nesta primeira parte do livro é mostrar a opção de viabilidade de reformulação tributária a partir da vinculação orçamentária, diminuindo a discricionariedade dos agentes públicos e concentrando as finalidades Estatais nas atividades públicas primárias, através da contraprestação social. Nesse diapasão se mostram relevantes aspectos de autonomia política, financeira e institucional de órgãos técnicos como Tribunal de Contas da União, Advocacia Geral da União, Banco Central do Brasil e Controladoria Geral da União como indispensáveis para o controle contábil, legal e de gestão da arrecadação e dispêndios públicos. De qualquer sorte, dados das receitas e despesas efetivamente realizadas ao longo dos anos podem ser consultados através do site do Tesouro Nacional, a exemplo de: <http://www.tesouro.fazenda.gov.br/SIAFI/atribuicoes_03.asp#> e <http://www.tesouro.fazenda.gov.br/contabilidade_governamental/gestao_orcamentaria.asp>.

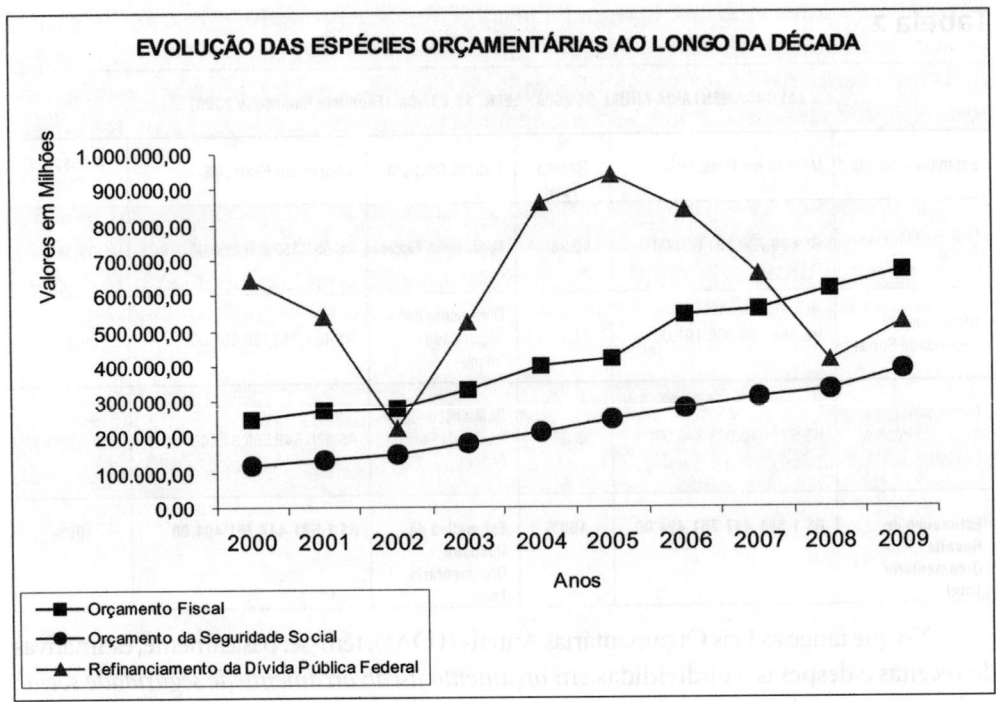

Oscilação ou diferença percentual pouco expressiva entre estimativas de receitas e despesas revelam correta análise, programação e expectativa arrecadatória por parte do Estado.

As verbas orçamentárias que estão ligadas ao refinanciamento de dívida pública ao lado das orçamentárias fiscais são as mais flutuantes. Aquelas por representarem aspecto de opção política junto à necessidade de cumprimento internacional de dívidas; as verbas fiscais típicas, em função de servirem para recomposição de outros orçamentos. No entanto, apesar do aporte complementar usualmente dado aos orçamentos da seguridade social, ainda assim, ele se mostra insuficiente — o que justifica ou revela o malfadado *deficit* da seguridade. Vale ressaltar que o gráfico acima já contemplou os repasses (inter)orçamentários das verbas, visando equacionar as necessidades públicas, o que escondeu os reais *deficits* orçamentários acentuados ao longo dos anos.

Nota-se, inicialmente, costumeira migração de verbas entre os orçamentos públicos. Nas LOAs mais antigas estudadas, isto é, entre os anos 2000 e 2002, constatamos repasse de parcela das verbas integrantes de orçamento fiscal e de seguridade social para orçamento da dívida pública, servindo, pois, para emissão de títulos destinados ao refinanciamento de dívidas federais, interna e externa, inclusive mobiliária.

Já nos últimos anos, verificamos seguido o paulatino crescimento dos orçamentos da seguridade social. O que parece esperado em face do retrato da pirâmide populacional prevista para o Brasil[12]. Assim, percebe-se repasse de importes do orçamento fiscal ao de seguridade social, ano a ano. E esse comportamento tende a aumentar.

---

(12) Vide pirâmide populacional à pág. 84.

Aliás, valores vultosos, absoluta e proporcionalmente, empregados nos sucessivos refinanciamentos da dívida pública parecem apontar para necessidade de se parametrizar mais uma vez o uso de verbas, significando rediscussão política, inclusive externa, das responsabilidades ou imputações hoje assumidas. A revisão de dívidas e pactos estatais e internacionais pode ser relevante.

A dimensão e as atividades a serem gerenciadas pelo Estado parecem tender à sua diminuição e à maior concentração ou especificação sobre atividades designadas por típicas: jurisdição, segurança, seguridade, tributação, controle e regulação. O rigor no combate à evasão fiscal e ao controle financeiro das verbas públicas também representa exigência eminente. E compreendem, ao mesmo tempo, diminuição de interferência política e aumento de autonomia às instituições e órgãos técnicos do Estado.

Relativa estabilização nos valores das receitas orçamentárias finais pode indicar esgotamento das receitas derivadas, ao menos, para o contexto econômico atual. Tanto questões oriundas de dinâmica social quanto política, assim como a própria mutabilidade da economia, incluído o caso fortuito e a força maior, trazem, em si, verdadeiras reservas ao modelo orçamentário e fiscal atuais. Reformas mostram-se imprescindíveis e justificam o esforço na construção de um modelo diferente.

2.1.1. Resultado do Regime Geral da Previdência Social — RGPS[13]

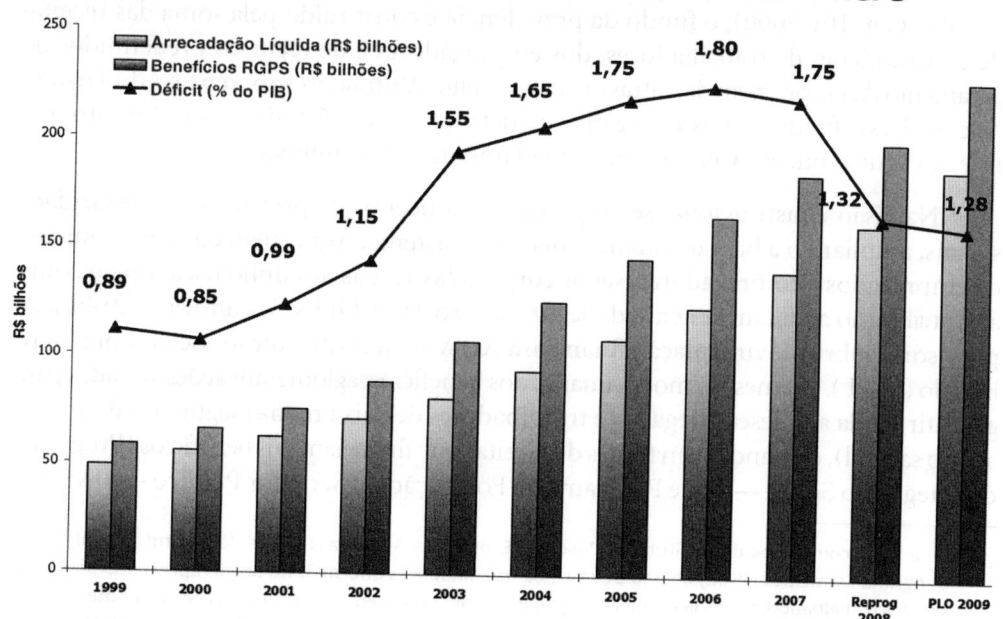

Apesar dos sucessivos esforços políticos empreendidos pelas reformas da previdência social, o mais das vezes acostando medidas restritivas à concessão e aos importes finais

---

(13) Gráfico adaptado do *Projeto de Lei Orçamentária 2009*, confeccionado pelo Ministério do Planejamento, Orçamento e Gestão através de sua Secretaria de Orçamento Federal (SOF). Disponível em: <http://www.planejamento.gov.br/secretaria.asp?cat=50&sub=213&sec=8>.

de benefícios aos seus segurados, assim como aumentando a austeridade arrecadatória, a exemplo respectivo do fator previdenciário e da centralização da gestão das finanças do Instituto Nacional de Seguridade Social (INSS), por suas contribuições sociais, à Secretaria da Receita Federal do Brasil (SRFB), ainda se mostram medidas incapazes à estabilização do sistema. O envelhecimento populacional é outro elemento a impactar de modo sequenciado e permanente os fundos públicos e exigirão realocações orçamentárias cada vez maiores. Em contrapartida, a população economicamente ativa, principalmente aquela devidamente registrada, formalizada e contribuinte, decresceu sobremodo nos últimos anos[14], causando maior distanciamento entre custeio e benefício. Sucessivos *deficits*, portanto, conformam a previdência social no País, exigindo novos mecanismos que garantam direitos assecuratórios básicos à população brasileira de hoje e, sobretudo, do futuro.

Aliás, ressalte-se que não se pretende avaliar razões históricas e ideológicas que justificaram o desvio ou emprego das verbas previdenciárias em áreas não afetas à exclusiva recomposição e incremento de seus fundos. Neste pormenor, de qualquer sorte, em apertada síntese, o Departamento Intersindical de Estudos Estatísticos e Socioeconômicos — *Dieese*[15] desenvolveu três visões sobre o problema: a visão fiscalista; a visão constitucionalista e a visão pragmática.

Por aquela primeira perspectiva, pontuado inclusive pela Lei de Responsabilidade Fiscal (LC n. 101/2000), o fundo da previdência é constituído pela soma das receitas de contribuições de trabalhadores, dos empregadores e de recursos predefinidos do orçamento da União, além de outras de menor vulto. Abstraindo-se os repasses do Tesouro Nacional, esse fundo se mostra negativo ou deficitário na ordem de 2% do PIB (produto interno bruto) ou, em valores, aproximadamente, R$ 48 bilhões.

Na visão constitucional se emparelham conceitos de previdência e seguridade sociais, ampliando a base de financiamento do sistema. Aqui, além das contribuições de empregados e empregadores, são incorporadas verbas de cunho fiscal típico como a contribuição ao financiamento da seguridade social (COFINS), a antiga contribuição provisória sobre movimentação financeira (CPMF), a contribuição social sobre lucro líquido (CSLL). Do mesmo modo, quanto aos benefícios, aglomeram ações voltadas para garantir renda aos desempregados e trabalhadores de baixa renda (seguro desemprego, abono salarial), contando com fontes de receitas que financiam tais benefícios (Programa de Integração Social — PIS e Programa de Formação do Servidor Público — PASEP).

---

(14) De acordo com dados do Instituto de Pesquisa Econômica Aplicada (IPEA) e do Instituto Brasileiro de Geografia Estatística (IBGE) no ano de 1992, os trabalhadores informais no Brasil representavam quase 52% dos trabalhadores. O índice subiu em 1999 e caiu um pouco em 2001 e em 2005. Mas, nas metrópoles brasileiras, a informalidade só subiu: de 24% em 1992 para 34% em 2005. E é justo que nelas se concentre a maior densidade populacional — o que implica dizer refletirem maior impacto nos fundos contributivos. Padrão Espacial e Setorial da Evolução da Informalidade no Brasil. Disponível em: <http://www.ibge.gov.br/home/estatistica/indicadores/trabalhoerendimento/pme_nova/parte1.pdf>, <http://www.ipea.gov.br/pub/td/2005/td_1096.pdf> e <http://www.ipea.gov.br/pub/td/2005/td_1099.pdf>.

(15) FIGUEREDO, Ademir; MELO, Frederico; HEGER, Iara. A previdência social tem déficit? *Nota Técnica*, n. 52, São Paulo, Departamento Intersindical de Estatística e Estudos Socioeconômicos (Dieese), outubro de 2007.

Nesta conta, a seguridade social passa a ser superavitária em valores coincidentes de 2% do PIB ou de R$ 48 bilhões. Mesmo considerando a questionável desvinculação de receitas da União (DRU), ainda assim, os valores finais são positivos e no ano de 2006 foram da ordem de quase R$ 14 bilhões.

Na perspectiva pragmática, conceitualmente, se enfoca apenas a previdência social e não a seguridade, abrangendo-se, nesta hipótese, o financiamento daquela pelas cotas-partes de empregados (percentual sobre salário) e empregadores (receita sobre a folha de pagamento); por valores referentes às renúncias fiscais (de contribuições previdenciárias) e pelo antigo montante da CPMF ou quaisquer tributos que tenham estritos fins. Eventuais contingenciamentos, repasses, desvinculação ou discricionariedades não podem servir para justificar impactos sobre as contas do sistema.

Sabe-se ainda da necessidade de composição contínua e gradativa dos fundos previdenciários cuja índole é contributiva. Mas grande percentual da população economicamente ativa na última década ainda se encontra na informalidade por contingências macroeconômicas, não contribuindo para nenhum regime previdenciário. Essa realidade simplesmente transferiu e transferirá ônus das vicissitudes do trabalho (auxílios-doença e acidente) e mesmo as necessidades previdenciárias como "aposentadorias" e "pensões" ao Estado, oblíqua e forçadamente, através de regimes assistencialistas. É exatamente o impacto dessa realidade já delineada que pode ser percebida no gráfico anteriormente construído e demonstra a tendência futura de maior acentuação.

2.1.2. Visão geral do orçamento — 2009[16]

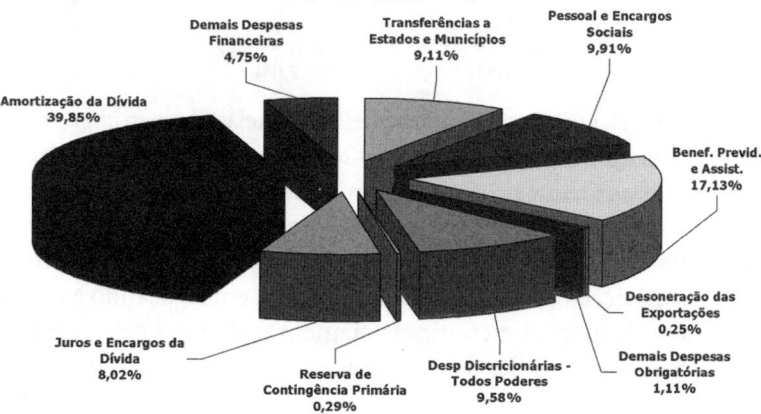

Aproximadamente, apenas 10% do orçamento público do ano de 2009 não se encontra, teoricamente, atrelado a obrigações do tesouro nacional. Isso significa que o Estado atual se encontra sobremodo comprometido, exigindo remodelamento capaz de aumentar a promoção de atividades públicas primárias. Verificamos grande fatia

---

(16) Gráfico adaptado do *Projeto de Lei Orçamentária 2009*, confeccionado pelo Ministério do Planejamento, Orçamento e Gestão através de sua Secretaria de Orçamento Federal (SOF). Disponível em: <http://www.planejamento.gov.br/secretaria.asp?cat=50&sub=213&sec=8>.

financeira disponibilizada à amortização da dívida e de seus juros e encargos. Esta realidade exsurge a importância de rediscussão política das prioridades do Estado nos planos interno e externo, não obstante o imprescindível aperfeiçoamento institucional e de mecanismos de combate à evasão e à desídia na gestão pública.

No ano de 2009, a título concorrente, já se verifica[17] a incapacidade de reestimativa de receita para a União em 2010. O Congresso será obrigado a realizar cortes nas dotações definidas pelo Executivo visando emendar o orçamento e acomodar R$ 8,4 bilhões de despesas extras (recursos para compensar estados exportadores — Lei Kandir, garantir reajustes de aposentadorias acima do salário mínimo e completar aumento do Judiciário, além de atender às emendas parlamentares). Comprovado, parece, a importância de um replanejamento sistemático da tributação nacional.

2.1.3. Visão geral das despesas discricionárias no orçamento 2009[18]

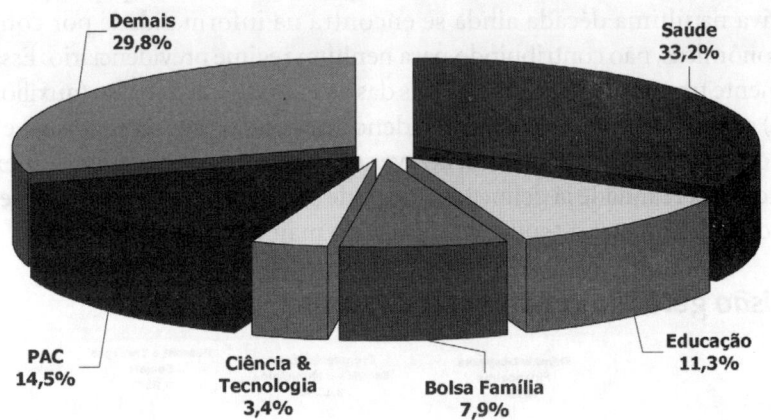

As despesas discricionárias, naturalmente, são aquelas que permitem maior gerenciamento político. Verificou-se para o ano de 2009, exemplificativamente, que a soma dos gastos previstos em "educação", bem como "ciência e tecnologia" são equivalentes aos gastos do "Projeto de Aceleração de Crescimento" do governo federal no mesmo ano. Infelizmente, as vinculações de rubricas não são consistentemente obedecidas, obrigando recomposição entre orçamentos públicos, embaraçando a previsibilidade e correspondendo a flutuações e contingenciamentos ditados pelos gestores públicos (governo em exercício), a despeito das carências e planejamentos da sociedade porventura existentes de curto, médio ou longo prazos.

A dissociação plena, sobretudo jurídica, das receitas e despesas públicas é salutar, embora politicamente se mantenham indissociáveis. As receitas e as despesas são etapas

---

(17) Gastos Públicos: Com rombo de R$ 8,4 bilhões, Orçamento terá tramitação difícil. *Jornal do Senado* (Editorial), Brasília, ano XV, p. 6, set. 2009.

(18) Gráfico adaptado do *Projeto de Lei Orçamentária 2009*, confeccionado pelo Ministério do Planejamento, Orçamento e Gestão, através de sua Secretaria de Orçamento Federal (SOF). Disponível em: <http://www.planejamento.gov.br/secretaria.asp?cat=50&sub=213&sec=8>.

ou momentos de um mesmo pacto político e, portanto, mantêm-se na perspectiva de intransigente concretização estatal. A axiologia do Estado é que se faz reorientada com a propositura deste trabalho.

Indagações ou falseamentos que pretendam afastar a teorização proposta por motivo de que as verbas públicas já são em grande parte vinculadas não representam a dimensão da conformação sugerida. Isso porque não basta a mera vinculação das receitas por si; mas a vinculação prioritariamente estampada na Constituição Federal somada àquela que se fixe através da nuclearização exacional das contribuições sociais. Tais contribuições possuem potencialidade de serviço ou atividade pública direta e justificam a finalidade redistribuidora estatal. Também permitem garantia de aporte financeiro maior e definido sobre áreas mais sensíveis da sociedade, afastando ou minimizando rotinas governamentais intituladas vanguardistas, embora manifestamente populistas e baseadas em repasses de verbas a programas sociais de planejamentos menores, de permanência, continuidade financeira e política duvidosas, ainda que bem intencionados, tanto em nível nacional como estadual.

A natureza da atividade empreendida ou caracterizada pelas contribuições sociais parece revelar maiores possibilidades de sucesso na sua implementação, à medida que menos se chocam com as atividades realizadas pelo setor privado, hoje, focado em atividades econômicas outras.

A tese proposta também não enfrenta elementos de ordem subjetiva associados às pessoas ou aos agentes, nem às próprias instituições envolvidas no Poder (isto é, suas respectivas: escolha, admissão, manutenção, substituição, atividade, vínculos políticos de agentes de cúpula como representantes políticos e ministros; autonomia, funcionamento e prerrogativa institucional de órgãos, entre outros) que, apesar de mostrarem caracteres de aperfeiçoamento relevantes e necessários, serão movimentos que decerto promoverão forte resistência e defesa de interesses plurais entre classes sociais. Na medida em que o sistema jurídico ainda promove atuação desproporcional e relativamente dissociada entre suas receitas e despesas, assim como também promove intensificação tributária e exacional sobre classes socioeconômicas específicas, a despeito da capacidade contributiva e econômica dos contribuintes envolvidos, criando ou mantendo distorções, entende-se oportuno, inicialmente, efetivar o aprimoramento do sistema na órbita do ordenamento e de seus mecanismos (substrato objetivo) antes do enfrentamento dos problemas subjetivos a ele também agregados.

É bem verdade que aspectos de factividade lançados não afastam nem garantem a operacionalidade das arrecadações vinculadas e seus repasses integrais. Essa proposta é inicial. Precisa de continuidade, pelo menos sob dois prismas: o do acompanhamento da captação de receitas e da concretização pela aplicação às despesas, evitando descumprimento, baixo índice de eficiência ou evasão, com estudo e aprimoramento sobre os mecanismos institucionais de combate aos desvios; a outra óptica recai sobre a estruturação e os sujeitos (membros) dos poderes constituídos, que podem imprimir desconexão aos interesses societários, apesar de formalmente legitimados.

Entretanto parece inegável que a vinculação dos esforços públicos à implementação de estruturação de atividades que possuem marcante índole primária reprodutivo-social talvez possa diminuir os efeitos do uso da máquina pública, assim como restringir implantação de políticas públicas diferentes das definitiva e juridicamente fixadas. Apenas em paralelo à estruturação permanente dos programas de seguridade social, permitir-se-ia o desenvolvimento de políticas públicas.

Hoje, por outro lado, entre inúmeros descompassos estruturais, verifica-se temerária hipertrofia intraestatal[19]; manutenção relativa de descumprimento no emprego ou repasse de verbas públicas vinculadas e não vinculadas sem constrangimento aos gestores públicos, apesar da lei de responsabilidade fiscal[20]; ausência de autonomia política, administrativa e financeira sobre instituições típicas de Estado, a exemplo da

(19) Este discente-autor, de há muito preocupado com a questão suscitada, aduziu em artigo intitulado: "A Incongruência do Hipertrofismo Estatal", que: "(sic) País sustentado por tentáculos tridimensionais distintos (três poderes), sem qualquer harmonia estrutural geral. Hoje, por exemplo, vemos o esforço do Poder Judiciário em tentar concretizar os ditames constitucionais: levar a todos os rincões do País a tutela da jurisdição. Para isso, tanto exigem quanto se fundamentam num orçamento maior; procuram otimizar e modernizar procedimentos; não descuram da promoção do material humano adstrito. Mas, ficamos a ruminar conosco: de que adianta tudo isso quando as procuradorias (advocacias e defensorias públicas) não são engajadas no mesmo propósito? De que adianta o aumento de um tentáculo, se o(s) outro(s) permanece(m) encolhido(s)? Como poderá fazer valer o cidadão pobre seus direitos quando as defensorias se encontram desfalcadas em quantitativo e qualitativo? Ou devemos imaginar que as minguadas assistências judiciais e de outras modalidades reproduzam o estado de direito? Como se pode esperar um avanço previdenciário quando a própria autarquia previdenciária se encontra sucateada e desprestigiada? Quando lhe falta, ano a ano, até programação de combustível aos seus automóveis funcionais? *(sic)* Se até *interna corporis* não existe convergência de interesses e objetivos? Se suas procuradorias judiciais e extrajudiciais são relegadas a um plano de abandono? Se a equiparação salarial e funcional da advocacia pública se transformou em retórica? *(sic)* A questão é séria e apropriada: ou se estabelece de uma vez por todas a unidade de crescimento dos tentáculos do Estado — ou o máximo que se gera é anomalia (desproporção) conjunta. *(sic)* É fato, pois, que concomitante ao aprimoramento do Poder Judiciário ou do Ministério Público, necessário se faz um equilíbrio estruturador de várias outras carreiras de estado: polícias, procuradorias, defensorias, previdência pública, sob pena de recairmos na música: 'de que me vale ser filho da Santa/ melhor seria ser filho da outra/ uma realidade menos morta/ tantas mentiras tanta força bruta...'." *Revista IOB de Direito Administrativo*, São Paulo, IOB, p. 200-201, 2008.

(20) Segundo reportagem de Ricardo Westin: "16 Estados usaram dinheiro da saúde em outras finalidades; R$ 3,6 bi foram desviados em 2007, valor suficiente para construir 70 hospitais. Os governos que ficaram mais longe dos 12% determinados pela Constituição foram os do RS – 3,75% e MG – 7,09% *(sic)* O problema é que o mau exemplo vem de cima. O próprio Ministério da Saúde, que também tem investimentos em saúde pública fixados pela Constituição, deixou de aplicar R$ 5,48 bilhões entre 2001 e 2008, segundo o Ministério Público Federal." *Folha de S. Paulo* de 14 de setembro de 2009, disponível em: <http://www1.folha.uol.com.br/fsp/ cotidian/ff1409200901.htm> No mesmo dia e periódico, Ítalo Nogueira, outro repórter, citou o caso de desvios em obra do PAC (Programa de Aceleração do Crescimento), no qual a auditoria do Tribunal de Contas da União, em junho, apontou irregularidades no planejamento e execução do projeto do Arco Rodoviário, obra de quase R$ 1 bilhão no Rio. O principal problema apontado pelos técnicos, segundo ele, foi um aditivo de R$ 2,2 milhões pago após a licitação. O dinheiro foi usado para a reconfiguração do projeto, que teve seu tamanho reduzido. Os auditores identificaram pelo menos oito irregularidades. Disponível em: <http://www1.folha.uol.com.br/folha/brasil/ult96u623071.shtml> Dados desta natureza também podem ser diretamente acessados a partir do site: <http://www.camara.gov.br/ Internet/comissao/index/mista/orca/tcu/..%5Ctcu%5CPDFs%5CAcordao4492009-TCU-Plen%C3%A1rio.pdf>.

Advocacia Geral da União e do Banco Central do Brasil[21] prejudicando suas atividades e permitindo precário e questionável controle tanto sobre as atividades político-estatais e jurídicas quanto político-econômicas e financeiras.

2.2. Contribuição social como elemento nuclear do (sub)sistema exacional-tributário

2.2.1. Pontuações propositivas iniciais

O objetivo deste capítulo é retratar, sinteticamente, a frágil legitimidade das exações hoje acostadas no ordenamento jurídico nacional e propor uma ideia diferenciada a essa questão. Partindo-se de uma base doutrinária clássica de "anticontratualismo na tributação", pontuam-se alguns dos elementos ou caracteres da tributação romana que depois, seguidamente, com maior ou menor similitude, foram operados nas Idades Média, Renascentista e Moderna, para, ao final, circunscrevermos impressões da tributação contemporânea.

Nessa óptica, pretendemos inovar, encontrando e traçando um delineamento diferenciador, buscando extrair uma identidade axiológica ampla para conformação e introdução no ordenamento jurídico, bem assim posterior aplicação às lides, permitindo recuperar, ao menos em parte, a identidade do sistema, que recomponha um viés dos mais importantes para convivência social: o da real democracia ou da legitimidade de poder.

Axiomas presumidos da existência de tensões sociais inevitáveis à mecânica econômica e da importância do Estado como anteparo de distorções e controle são presumidos e ultrapassados, porquanto tomados como factuais. São eles fruto de constatações indiscutíveis (empíricas) de cunho sociopolítico e econômico de um lado, que compõem a estrutura do mecanismo de produção moderna, e de outro, dos mecanismos sociais e políticos

---

(21) O controle financeiro da AGU, submetida às (in)gerências da Casa Civil, do Ministério do Planejamento Orçamento e Gestão e de Fazenda e do próprio Congresso Nacional, implica questionáveis e sucessivos contingenciamentos de verbas a prejudicar e politicamente sufocar a realização de suas atividades institucionais. Em termos práticos, basta verificar a proposta orçamentária inicial para o exercício de 2009 da Advocacia-Geral da União encaminhada à Secretaria de Orçamento Federal — SOF, do Ministério do Planejamento, Orçamento e Gestão, que foi de R$ 415.700.625,00. A SOF encaminhou ao Congresso Nacional uma proposta de orçamento alterada no valor de R$ 300.000.000,00. Por sua vez, o Congresso Nacional reduziu a proposta para R$ 233.297.324,00, que foi aprovado pela Lei n. 11.897, de 30 de dezembro de 2008. Entretanto, com o advento do Decreto n. 6.752, de 28 de janeiro de 2009 (e alterações posteriores), que estabeleceu o cronograma mensal de desembolso do Poder Executivo para o corrente exercício, do valor aprovado em Lei ficou liberado para movimentação e empenho até dezembro somente R$ 188.422.000,00. Para tanto, basta analisar, em resumo, os quantitativos programados para o ano – 2009:

PROPOSTA ENCAMINHADA SOF (A)	CORTES /SOF CONGRESSO (B)	LEI (C) = (A) - (B)	CONTINGENCIADO (D)	PROJEÇÃO 2009 (REAVALIADA) (E)	NECESSIDADE DE CRÉDITO (F) = (E) - (C)
415.700.625,00	182.403.301,00	233.297.324,00	43.600.374,00	322.046.133,00	88.748.809,00

de contingenciamento da concentração de bens de produção e consumo, que atuam, portanto, no sentido da redistribuição de rendas e do desenvolvimento social; evitando desnivelamento social excessivo, que garanta um mínimo existencial aos cidadãos e também se preocupando com a proteção de minorias ou dos grupos de insuficiência: idosos, deficientes, órfãos ou abandonados, entre outros; a se fomentar, deste modo, a indispensável agregação social e, portanto, promovendo o bem-estar individual e coletivo, reconhecendo-se nessa concretização a importância instrumental do Estado e seu papel gerencial na sociedade brasileira.

A história da tributação ocidental é composta da imposição e opressão dos antigos impérios sobre as pessoas singulares. Ou, como retrata Diogo Leite de Campos[22], tomando a herança romana pelas antigas *odiosias* fundadas como "mal necessário". Viveu-se uma dicotomia sociojurídica entre a tributação marcada pela força, como instrumento de dominação ou império e que servia para manter e arregimentar o próprio ente imperial. Servia, portanto, para garantir o aparelho administrativo e militar do Império Romano. Em função dela se obrigava a população dominada a se enquadrar sob certos ditames produtivos através das corporações profissionais, muitas de índole coativa e hereditária, moldando o destino das pessoas que compunham a sociedade e delas cooptando impostos. A interferência imperial era intensa e fundada na legitimidade da autoridade — o que em certo aspecto representa contradição intrínseca, ou seja, era ilegítima.

A outra perspectiva existente nas relações humanas daquele tempo era de cunho civil. Marcadas pela denominada "justiça da cooperação" e discricionariedade dos poucos homens livres e iguais.

Herdou-se de Roma o imposto, mas não o direito dos impostos. Houve subversão da ordem natural das coisas: a força garantindo o direito, quando deveria o direito ser garantido pela força.

Segundo Max Weber[23], porém, a natureza dos pressupostos que constituem o Estado imprescindem dos conceitos de autoridade e de legitimidade. Logo, Estado autêntico não havia em Roma. Ainda usando a sua terminologia e delineamento, a autoridade pode ser distinguida segundo três tipos básicos: a racional-legal, a tradicional e a carismática. Esses três tipos de autoridade, por sua vez, correspondem a três tipos de legitimidade: a racional, a puramente afetiva e a utilitarista. Na composição deste tema, estamos nos apoiando na subespécie racional de legitimidade.

O outro excesso, tão nocivo quanto o primeiro modelo, é acreditar-se no Estado inexistente ou baseado no mercado autorregulável. A tendência às distorções e à imprevisibilidade coletiva e mesmo individual é acentuada e deságua na própria desestruturação do sistema produtivo e social. O choque de interesses se ressalta sem abrandamentos,

---

(22) CAMPOS, Diogo Leite de. *O sistema tributário no estado dos cidadãos*. Coimbra: Almedina, 2006. p. 7.

(23) WEBER, Max. Os três tipos puros de dominação legítima. In: COHN, Gabriel (Org.). *Sociologia*. São Paulo: Ática, 2005. p. 128-141.

levando a sociedade civilizada ao colapso. Exemplos concretos menores desta premissa, mas já suficientemente convincentes, foram o *crack* da bolsa de Nova Iorque em 1929 e o colapso imobiliário, ocorrido em fins do recente ano de 2008, nos EUA, provocando instabilidade institucional também sem precedentes — mesmo no contexto de um Capitalismo globalizado e dito maduro[24].

Na área fiscal, os impostos têm sido vistos como um preço necessário à liberdade de possuir, de agir e de se desenvolver. Os bens, os empreendimentos ou atividades incorporam-se a cada qual, mas que deve (ou é obrigado) em contrapartida a contribuir com parte dessas riquezas para patrocinar a necessidade comum. Sem pretender discorrer sobre a inviabilidade do 'anarquismo tributário', reconhecemos a existência de um "espaço" de identidade entre o indivíduo e a coletividade — o que significa dizer possível instituir-se legitimamente a tributação fundada nesse cerne de participação plural. Tanto é assim que fenômenos como o "patriotismo", embora extravasem o indivíduo em si, permitem conformar uma espécie de unidade-coletiva. E demonstram a natureza política e coletiva do homem. Isso, aplicado a nosso interesse, sugere a viabilidade de uma tributação instrumentalizada no convencimento de uma maioria social. É, talvez, o "espaço" designado por "nós" a que se refere Diogo Leite de Campos[25].

Apesar das inúmeras discordâncias com a teoria do citado doutrinador, mas que não cabem aqui pormenorizá-las, elementos em comum servem como parâmetros analíticos e também geram confluências senão iguais, certamente, aproximadas ou intermediárias na fenomenologia da tributação.

Questões atreladas ao planejamento socioeconômico é uma delas. Qual a sintonia que existe entre governantes e governados na fixação de metas conjunturais e estruturais do Estado e da sociedade como um todo? E em relação a governantes ou governados entre si?

---

(24) SORJ, Bernardo. *A nova sociedade brasileira*. Rio de Janeiro: Jorge Zahar, 2001. p.103-119. O que na verdade aqui se busca enfatizar com a denominação 'capitalismo maduro' é o contexto de numerosas e definitivas relações de produção conservando, entretanto, a manutenção essencial do *status quo*, através de dirigidas atuações entre os componentes do capital (grandes grupos econômicos, conglomerados industriais, comerciais ou financeiros) e as funções de Poder. Esse contexto com maior ou menor particularidade e complementaridade atinge tanto países centrais quanto periféricos, delineando um organismo político--produtivo-social unitário, apesar de eventuais escapes permitidos como greves gerais, conflitos sociais, golpes setorizados de poder (nacional), etc.

(25) O citado autor, nesse particular, assim pontua: "Há, assim, um 'espaço' comum que já designei por 'nós'. Portanto, as contribuições de cada cidadão (do 'eu') para a colectividade (o 'nós') são, não só necessárias mas 'naturais', ligadas à própria maneira de ser da pessoa humana. Mas esta é, antes de mais, livre. Julgo que o único modelo aceitável é o da definição pelo povo das necessidades e dos meios para cobrir..." CAMPOS, Diogo Leite de. *Nós, estudos sobre o direito das pessoas*. Coimbra: Almedina, 2004. Vale apenas antecipar que a obra, aqui desenvolvida, opta por caminho diferente do doutrinador português, porquanto não "absolutiza" a alternativa proposta como única viável nem crêna possibilidade de implantação de um mecanismo de participação populacional tal que solvesse as profundas diferenças socioeconômicas e culturais ainda presentes e mesmo de interesse amplo, dando ênfase a uma idealização da sociedade e, por outro lado, também compreenda um Estado necessariamente leniente e usurpador.

E, com isso, pretendemos ressaltar de um lado a noção 'ideal' de composição entre interesse social (atividades produtivas incentivadas e fixadas como essenciais para a coletividade) e, de outro, o anseio individual no desenvolvimento ou exercício de atividade específica. Note-se que estamos basicamente a estabelecer a direção da sociedade e os liames de liberdade dos indivíduos, pois estamos separando e demarcando as justificativas de imposição fiscal e, respectivamente, o emprego das coletas públicas.

Não adotaremos o paradigma de crença na liberdade de contratação como elemento suficiente para dirigir a complexidade social. E até qualificamos tal escolha com viés de ingenuidade e descrença, sobretudo porque já verificamos tanto econômica quanto socialmente a inviabilidade dessa compreensão projetada no mundo prático. Afora os exemplos fulminadores de macroestruturas mencionados, a história humana revela um desenvolvimento no sentido da existência de autocomposição, ajuntada à heterocomposição como pilares indispensáveis à convivência; sendo ainda esta última modalidade de solução de conflitos mais utilizada que aquela. Referimo-nos a uma reconhecida realidade de judicialização constatada pelos neoconstitucionalistas[26].

---

(26) AGRA, Walber de Moura. *Teoria do direito neoconstitucional:* superação ou reconstrução do positivismo jurídico? São Paulo: Método, 2008. p. 431-447. Os pontos mais específicos da corrente doutrinária que tencionamos expressar nesse texto correspondem à indagação de superação (ou não) do "positivismo" e agregação ou reconhecimento da ocupação de "vazios de poder" entre as funções de poder do próprio Estado, mormente com a realização atípica de papéis pelo Executivo, Legislativo e Judiciário, quiçá como resposta de concretização constitucional. Um exemplo da ocupação do vazio de poder seria o fenômeno da judicialização e da consequente concretização de poder promovido pelo Judiciário na resolução de casos concretos, densificando o ordenamento com interpretações heterodoxas e complexas, além de atuações intensas mesmo em circunstâncias de lacuna, ou melhor ainda, de não regulamentação legal ou até mesmo compreensão axiológica ou semântica diferenciada (não convencional) e antes nunca empregada pelo "positivismo clássico". Um exemplo prático e atual desse (re)gerenciamento (ou ocupação de vazio, ou mesmo invasão) de Poder no Brasil seria a liminar concedida pelo Poder Judiciário aos funcionários da EMBRAER suspendendo suas demissões, reintegrando-os a suas funções ou empregos; ou, senão tanto, suspendendo respectivos contratos de trabalho e obrigando a empresa a revisitar o ato na Justiça diante da instauração de um dissídio coletivo, embora estrita e regularmente demitidos pela empresa por contingências econômicas notórias em meados de fevereiro de 2009 (TRT 15ª R., Proc. n. 00309-2009-000-15-00-4). Dados processuais extraídos do sítio do Tribunal Regional do Trabalho da 15ª Região: <http://consulta.trt15.jus.br/consulta/owa/pProcesso.wListaProcesso?pTipoConsulta=PROCESSO&pArgumento1=309&pArgumento2=2009 &pArgumento3=000& pArgumento4=> Esse feito se encontra pacificado pelo Tribunal Superior do Trabalho, embora ainda seja objeto de recurso ao Supremo Tribunal Federal: Proc. n. TST – RODC – 309/2009-000-15-00.4. Entretanto, o que aqui se quer efetivamente chamar atenção não é o resultado do julgado propriamente, mas a questão da fluidez com que são tratados pela jurisprudência os dispositivos legais e, em consequência, a interdependência ampla na dinâmica de Poderes. De qualquer sorte, apresentamos as principais medidas diferenciadas estabelecidas: *o Tribunal Superior do Trabalho, apesar das divergências, culminou por permitir a demissão, condicionando-a, porém, a ditames mais benéficos aos funcionários, exigindo instauração de dissídio coletivo, no qual se justificou e informou quais as circunstâncias e os motivos das demissões; prorrogou-se temporariamente o contrato de trabalho ou seus efeitos, permitindo aos empregados prepararem-se para futura despedida; dilataram-se no tempo, mesmo finalizada a contratação, alguns benefícios reflexos inerentes à relação de trabalho, como plano de saúde; estabeleceu-se direito de preferência durante certo tempo aos empregados dispensados em caso de reativação de postos de trabalhos; por fim, foram compensados financeiramente os funcionários atingidos pela demissão, percebendo, além das verbas rescisórias usuais, "aviso-prévio diferenciado", proporcional ao tempo de serviço na empresa.*

Cogitar, portanto, maior dilação nos procedimentos de formação legal com participação popular, maior interferência democrática na própria administração pública e nos procedimentos de contencioso fiscal ou judicial-tributários é alimentar um sonho impossível de composição. É não reconhecer a já acentuadíssima complexidade tributária hoje estampada no nosso regramento jurídico. O que não significa abandonar aperfeiçoamentos e reconhecer a insuficiência e a distorção ainda sobremodo presentes no arcabouço fiscal nacional.

Defendemos a necessidade de um realinhamento de legitimidade, que justifique a conformação de um sistema exacional contextualizado, enfim, profissionalizado na sua operacionalidade, buscando-se o resgate da "legitimidade racional-legal". Não necessariamente pela difícil religação entre representantes e representados, mas pela anuência dos cidadãos às prioridades públicas constatáveis o mais das vezes de modo técnico e, predominantemente, fulcrado na modalidade de tributação não mais de "impostos", mas de "contribuições sociais".

Para tanto, reconhecem-se, ao contrário, elementos crônicos da sociedade brasileira, a exemplo da sua má-distribuição de renda. Também as políticas públicas e os gastos públicos são insuficientes e mal formulados. As isenções, as não normatizações necessárias ou as intencionais eficácias limitadas dadas a certos fatos geradores de tributação, além das inúmeras deduções concedidas geram duvidosas razões. Aliás, essa percepção nebulosa e genérica não é exclusiva, mas recorrente em vários países subdesenvolvidos, a exemplo do México[27].

No plano teórico, partindo do contratualismo, passou-se a defender a ideia de liberdade dos integrantes e de suas respectivas participações e integrações no conjunto político (Estado) como vitais à sua própria legitimidade e existência. Referimo-nos ao desenho clássico do Estado Democrático de Direito. O problema é que a ampliação e heterogeneidade da sociedade impedem a permanência deste paradigma. Pressupõe convergências sempre maiores que divergências — não necessariamente verdadeiras — a justificar a idealização democrática. Verificamos falência do contrato social *rosseauniano*.

---

(27) Segundo o pesquisador Rafael Pampillón, do Instituto de Empresa da Espanha, dado que a repartição de rendas é nefasta, "seria importante fazer um esforço para que o gasto fosse canalizado para saúde básica, pensões assistenciais, rodovias, água potável etc. Se o objetivo é a redistribuição de renda, o gasto deve ser direcionado nesse sentido (sic). É preciso que haja sistemas fiscais de redistribuição, e que sejam progressivos, de tal forma que o fenômeno fiscal faça por si a redistribuição de renda". O professor ainda chama atenção para outras questões sobremodo sensíveis, embora não enfatizadas pormenorizadamente neste texto: o problema do desconhecimento, da corrupção e da ineficiência. "É muito difícil vender à sociedade civil a ideia de que é preciso elevar a carga tributária quando não se sabe para onde vão as receitas fiscais (sic). A educação básica, cujos resultados obtidos nas provas de desempenho são sofríveis, a regulamentação inadequada que desestimula as atividades formais, um setor de telecomunicações com pouca concorrência, etc." De logo se vê que o pilar arrecadação, gasto público (distribuição de renda) e controle de corrupção são cruciais na sistematização fiscal. E, decerto, mais ainda em países em desenvolvimento. Essas alterações acaso promovidas no Brasil, quando agregadas às diretrizes de interesses (ou prioridades) socioeconômicas, poderão delinear nova perspectiva de estabilidade ao País. Disponível em: <http://www.wharton.universia.net/index.cfm?fa=viewArticle&id=1414>.

Talvez, por isso, atualmente vivenciemos uma desconexão tão marcante de representação política, porquanto se constate verdadeiro anacronismo do Poder Legislativo e do seu processo legislativo diante da mutação, da velocidade e das necessidades plurais do cotidiano. Esse fenômeno político-jurídico, principalmente nos países em desenvolvimento, levou a uma natural extensão de ocupação de poder — gerando procedimentalização e judicialização de condutas. O papel do Judiciário ressalta como de "maior valia" porque permite contornar em parte o vácuo decorrente de um Legislativo dissociado da sociedade, conquanto sob legitimidade derivada e obscura.

É inegável que a democracia representativa perdeu sua capacidade ou o elo relacional dos membros de poder e seus cidadãos representados. Perdeu-se a representação visceral, ontológica ou real. Vive-se politicamente uma ficção. As tarefas do Poder Executivo, por seu turno, são, por vezes, flutuantes e arbitrárias, pautadas numa concretização ou realização impossível, haja vista, a ausência de um arcabouço legal consistente e atempado. Reverbera-se da pretensa legitimidade racional para algo de cunho tradicional. Não é à toa, portanto, que o Estado (ou *res publica*) seja tão confundido com a esfera privada (família) e haja reiterados episódios de locupletação e usurpação públicas.

Resta ao Judiciário, nesse contexto, interpretar muitas vezes o "ininterpretável" ou julgar de fato *contra-legem,* embora negando tal realidade e justificando emprego de técnicas interpretativas e/ou aplicativas cada vez mais distantes do sistema jurídico ou, então, descambando para utilização de preceitos jurídicos indeterminados ou para densificação de princípios pautados em valor (retórica). Tanto isso é verdade que, em menos de 20 (vinte) anos de vigência de uma nova Constituição (1988), verificamos, possivelmente, a maior divergência jurisprudencial de nossa história em todos os níveis, capaz de gerar insegurança jurídica tão profunda que a modificação normativa (constitucional ou legal) não foi suficiente para afastá-la. Promove-se, em nível regional e nacional, acelerada reformulação de técnicas, muitas provindas do próprio julgador, no intuito de restringir e unificar julgados. Surgem as súmulas vinculantes e impeditivas de recursos e os requisitos cada vez mais exigentes de admissibilidade recursal. Foi a resposta pragmática encontrada pelo Estado.

A despeito de todos esses problemas de fundo, um elemento se não suficiente, decerto indispensável para configurar norteamento que tencione conformar e aperfeiçoar um sistema exacional-tributário pátrio mais coerente e, a partir de agora, será repetido e enfatizado: intensificação da exação por contribuição social.

Inicialmente não nos parece necessário demonstrar que nossa herança fiscal sempre gravitou por uma arrecadação Estatal radicada principalmente nos impostos. As outras modalidades, embora complementares, foram (e ainda são) acessórias. Numa vertente de Estado mínimo, as finanças colhidas estão atreladas às receitas derivadas, afastando-se, desta feita, as taxas, as contribuições de melhoria e as contribuições sociais como modalidades de importância. Outras espécies, como empréstimos compulsórios, são mais excepcionais e não merecem sequer menção.

A nosso ver, racionalização legal que densifique ou concentre exações, através de contribuição social, garante incremento de legitimidade. Para sermos mais precisos, defendemos exações concentradas em duas modalidades: os impostos de destinação específica e as contribuições sociais. Primeiro, porque os contribuintes já saberão, antes mesmo da realização do fato gerador tributável, quais as finalidades públicas que serão cobertas com suas rendas. Segundo, porque é politicamente bem mais fácil fixar normas gerais de interesse público primário. Terceiro, porque garante reprodução de um modelo mais sedimentado e de participação conjunta, menos transitório ou dependente de governos; mas, ao contrário, que sedimenta parcelas contributivas dos envolvidos, quando antes fora submetido a uma racionalização sistemática pré-valorada, generalizada e, por conseguinte, pretensamente mais justa e controlável. Isso exprime uma técnica democrática.

2.2.2. Das principais características da reforma proposta

Um sistema que, embora operado por profissionais especializados, seja simples. A preocupação com a simplificação dos procedimentos administrativos e judiciais, o controle dos gastos servem de guias a estabelecer regimes arrecadatórios e de aplicação de recursos públicos. A diminuição dos encargos acessórios (declarativos) e dos custos aos contribuintes e à própria administração fiscal deve estabelecer elementos de adequação que otimizem as atuações fiscais às metas perquiridas, diminuindo a rejeição social. Garantias constitucionais, por óbvio, são requisitos de circunscrição das parametrizações legais e administrativas. No entanto, essas garantias não devem ser vistas como meros "benefícios aos contribuintes", despidos de teleologia. Ou seja, o sigilo de dados ou fiscal, ilustrativamente, a pretexto de resguardar privacidade, não pode servir para mascarar ou camuflar irregularidades de condutas.

A intensificação da tributação nas modalidades de impostos de destinação específica e contribuições sociais, seguidas por impostos de tributação sobre patrimônio improdutivo e grandes fortunas bem assim tributação sobre capital, propriedade e consumo devem ser aplicados com ortodoxa progressividade e relação íntima à capacidade contributiva. Tais caracteres, entretanto, precisam fixar elementos da tributação (base de cálculo, alíquotas, sujeitos, etc.) como também atuações que não descurem as perspectivas e as influências políticas e econômicas internacionais.

Desde a origem da tributação ocidental, tivemos permanência de modelos cuja centralização recai sempre nos "impostos gerais" e só incidental e perifericamente sobre as contribuições sociais, de melhoria ou sobre taxas[28].

---

(28) A ideia que historicamente sempre caracterizou o "sistema de tributação nacional" na perspectiva "nuclearizada", "atomicizada" ou "epicêntrica" foi a que conferiu aos "impostos gerais" o elemento de centro operacional e estruturante da ordem jurídica tributária, restando às demais espécies de tributos papéis coadjuvantes e acessórios, tanto no volume de arrecadação (aspecto quantitativo) quanto na importância intrínseca para o sistema (aspecto qualitativo). Diferentemente, a sugestão apontada, a seguir, inverte o arquétipo tributário, elegendo como base do sistema arrecadatório-tributário a "contribuição social", margeada, sequencial e progressivamente, pelas espécies tributárias de maior vinculação ou

SISTEMA DE TRIBUTAÇÃO ATUAL

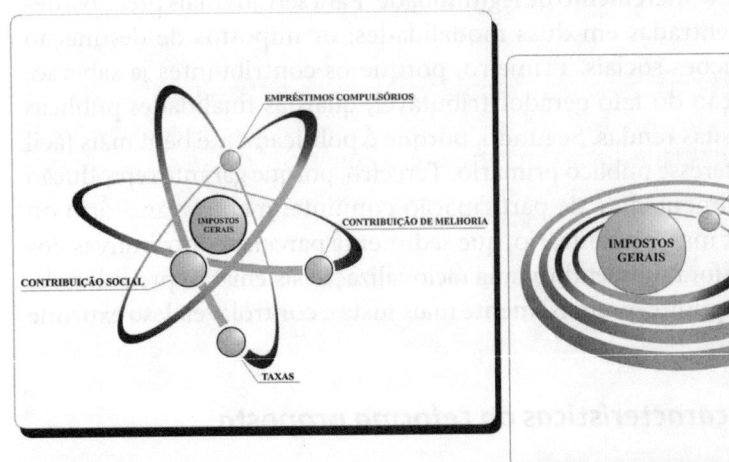

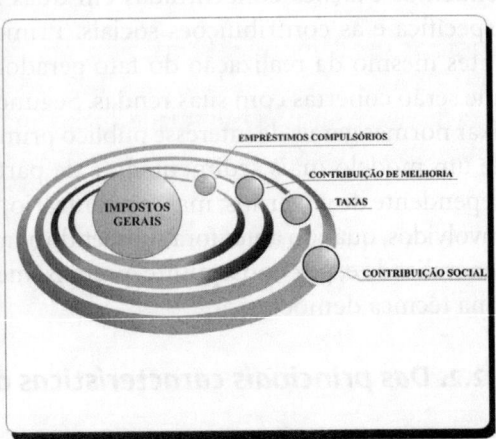

Resta-nos, agora, operarmos o deslocamento do eixo de tributação promovendo a centralização das contribuições sociais, dos impostos com destinação específica, das taxas e da periferização/suburbilização dos impostos gerais ou simplesmente impostos propriamente ditos.

SISTEMA DE EXAÇÃO SUGERIDO

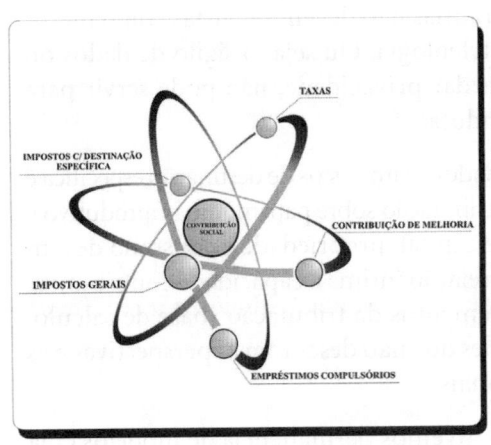

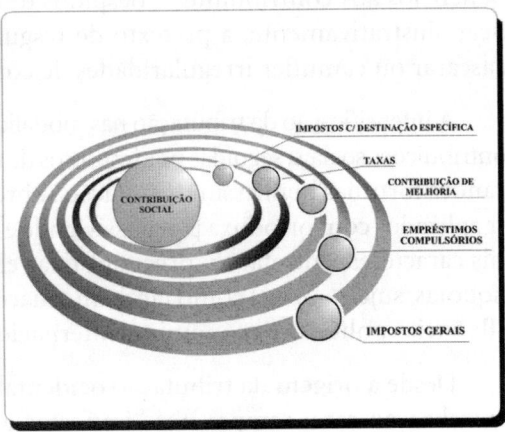

Além disso, ênfase ou destaque à instituição da família, aos deficientes, aos idosos e ainda às minorias hipossuficientes são importantes. A sintonia de uma exação ecológica também se mostra oportuna. Especificidades das regionalizações fiscais não devem ser desprezadas, porquanto conferem viabilidade à federação. Parâmetros técnicos

---

interesse público (geralmente primário), recaindo-se mais externamente nos tributos de menor expressão ou repercussão pública (interesse público secundário), enaltecendo com tal deslocamento ou inversão proveito social máximo da atividade fiscal.

prévios devem estabelecer limites que abrandem concorrência entre pessoas de direito público interno.

O controle e a previsibilidade dos procedimentos fiscais em âmbito administrativo e judicial, sua composição e medidas o mais possível técnicas, a vinculação da atuação dos agentes estatais na realização de suas atividades, a predefinição das modalidades exacionais com previsibilidade de quantitativos e qualitativos a serem cooptados e empregados, enfim, são ajustes que diminuem a ilegitimidade fiscal porque representam incremento de maior justiça legal material.

Despiciente enaltecer a permanência e a relevância dos princípios de direito tributário e exacional a auxiliar e nortear os dispositivos legais, tais como (exemplificativamente): capacidade contributiva, irretroatividade, proibição do confisco, legalidade e, por derradeiro, a busca da construção de um arcabouço lógico e coerente, o que representa a própria pré-compreensão de um sistema normativo fiscal.

2.2.3. Dos impostos com destinação específica

É bem verdade que alheio ao interesse e esforço em estruturar paralelos tipológicos tributários, uma mesma espécie de tributo, não raras vezes, a depender dos sujeitos atingidos, possui natureza ou ontologia e mesmo taxonomia plurais. Não obstante, desprezou-se essa preocupação por hora, porque se pretendeu, inicialmente, traçar a identificação de uma modalidade exacional que se entendeu central no resgate da legitimidade e reconstrução tributária nacional.

A Constituição moldou as contribuições a fatos geradores de impostos, e se isso não representa considerá-las impostos com destinação específica, nem as desnatura como autênticas contribuições, resta reconhecer a delicada distinção. Por isso, autores como Misabel Derzi[29] assumem que "não é fácil distinguir a natureza jurídica específica dos tributos, em especial, diferenciar as verdadeiras contribuições dos impostos com destinação específica".

Retrata José Eduardo Soares de Melo[30] que Gianninni de há muito, na Itália, diferenciava essa modalidade de tributação das contribuições sociais, ainda que comumente confundidas pelo legislador. Esses impostos incidem sobre determinadas classes ou grupos de pessoas e cujo proveito possui particular destinação, com a qual o grupo possa ter especial interesse, sem, no entanto, haver mensuração entre a obrigação tributária e a vantagem do contribuinte. Na contribuição social, não. Ocorre, ao contrário, além da sujeição ao poder de império, imbricada vantagem do contribuinte, derivada à atuação do Estado, de sorte que o débito não ocorre se a vantagem falta ou se a despesa estatal não ocorre, ou ainda se não é guardada proporção entre a vantagem e a despesa.

---

(29) DERZI, Misabel Machado. Contribuições sociais. *Caderno de Pesquisas Tributárias*. São Paulo: Resenha Tributária, 1992. v. 17, p. 202.

(30) MELO, José Eduardo Soares de. *Contribuições sociais no sistema tributário*. São Paulo: Malheiros, 1993. p. 79. (Coleção Estudos de Direito Tributário)

Mas, afinal, quais os critérios norteadores principais e distintivos entre impostos com destinação e contribuições? Fundamentados nos mesmos autores acima, podemos citar, por exemplo:

a) o fato de a destinação do tributo, seu objetivo social ou econômico, não alterar a estrutura interna básica da norma de comportamento que o disciplina, quer no pressuposto ou hipótese, quer nos aspectos quantitativos da obrigação;

b) se a obrigação do sujeito passivo surgir pela simples realização do pressuposto (como faturar, auferir lucro, remunerar empregador, produzir...), de forma juridicamente independente do emprego dado ao produto arrecadado;

c) se a obtenção dos resultados sociais ou econômicos, almejados pelo legislador, não ensejar a repetição do indébito, pois a destinação é apenas motivo que induziu a produção da norma e não pressuposto ou fato gerador;

d) se o dever pecuniário não é quantificado de acordo com a vantagem ou benefício advindo da atividade estatal;

e) se houver atuação do Estado que se refira a um terceiro ou a um grupo e não ao contribuinte.

Por outro lado, em total oposição às preleções pontuadas, é verdade que a própria Constituição nega e transmuda este tipo tributário, quando veda vinculação do produto da sua arrecadação a determinado fundo, órgão ou despesa. Nesse sentido, o art. 167, IV da CR/88. E isso provoca conflitos no enquadramento tributário diante, por exemplo, de terminologia incompatível com a essência jurídica.

Ao menos, dogmaticamente, limitam-se as distinções de enquadramento de impostos ao orçamento fiscal da União e das contribuições, que sendo parafiscais, dirigem-se a integrar orçamento da seguridade social ou de outras autarquias e pessoas jurídicas (SENAC, SESI, SESC, etc.).

A Lei Magna de 1988 não estampou a modalidade tributária da "contribuição previdenciária". Nuances de classificação conformados pela jurisprudência e pela doutrina atuais rechaçaram antiga compreensão, outrora contrária, do Supremo Tribunal Federal, fazendo sua incidência incidir sobre lucros, faturamento, folha de salários — hipóteses dissociadas de atuação estatal ao obrigado e arraigadas aos impostos.

2.2.4. Das contribuições sociais

É verdade que a Constituição de 1988 enfraqueceu a ideia-base, associada à contribuição social como "tributo vinculado cuja hipótese de incidência consiste numa atuação estatal indireta e mediatamente (mediante uma circunstância intermediária) referida ao obrigado"[31]. Restou apenas a "contribuição de melhoria" com essa total característica.

---

(31) ATALIBA, Geraldo. *Hipótese de incidência tributária.* 5. ed. São Paulo: Malheiros, 1992. p. 134.

Serviu a Lex Mater em conjunto com as novas interpretações de relevância aos aspectos fiscais atribuídos às contribuições sociais pontos de inquestionabilidade de sua índole tributária, independentemente do seu maior ou menor viés de cunho parafiscal ou especial. Dogmatizou-se a contribuição social como tributo.

As contribuições sociais criam, apesar das mitigações impostas pela dogmática brasileira, uma identidade mínima, sugerindo uma particularidade diferenciada de outras modalidades tributárias, como impostos ou taxas. Tanto é assim que doutrinariamente Rubens Gomes de Souza define contribuição social por exclusão, compreendendo: "todas as demais receitas que, correspondendo ao conceito genérico de tributos, não sejam especificamente impostos nem taxas"[32].

Já na esfera constitucional, o núcleo da exação fiscal deste espécime tributário se arregimenta em razão de ser composto de receitas derivadas e compulsórias, além de princípios jurídicos peculiares. No quadro normativo brasileiro, temos três subespécies de contribuições: as corporativas, as sociais e as interventivas. Tanto a Constituição da República quanto o Código Tributário Nacional (CTN) submetem as contribuições aos princípios vetores de tributação, e aqui necessariamente temperados: legalidade, anterioridade geral ou nonagesimal, intertemporalidade, irretroatividade; afora toda afeição geral de tributação, tais como: fato gerador, obrigação ou lançamento tributários estampados no CTN. A compreensão de Marçal Justen Filho[33] pontua-se na ideia de que as contribuições sociais se sujeitam ao regime tributário, guardando, entretanto, contemporizações derivadas de suas características. Mais incisivamente entendemos que as contribuições sociais conformam regime exacional *sui generis*, mas que em função da alta carga e importância da fiscalidade e da existência de caracteres comuns terminam por assumir relação de pertinência com a tributação. Talvez, por isso, a compreensão intermediária daquele doutrinador.

As próprias subespécies de contribuições sociais possuem distinções entre si. A disciplina taxonômica e normativa é diferenciada. Enquanto as contribuições "genéricas", as interventivas e as corporativas encontram tratamento no capítulo do Sistema Tributário Nacional; as sociais previdenciárias estão pormenorizadas no art. 195 da Seguridade Social. Isso já é indicativo de categorização diferente, segundo Misabel Derzi[34].

As "contribuições sociais" representam um gênero. O art. 149 da Constituição da República regula o regime tributário de contribuição social de caráter não previdenciário, guardando os mesmos ditames dos demais tributos. Servem para custear a atuação do Estado em campos sociais diversos; como, por exemplo: salário-educação (art. 212, § 5º)

---

(32) SOUZA, Rubens Gomes de. *Compêndio de legislação tributária*. Edição póstuma. Coord. IBET. São Paulo: Resenha Tributária, 1975. p. 165.

(33) JUSTEN FILHO, Marçal. Contribuições sociais. *Caderno de Pesquisas Tributárias*. São Paulo: Resenha Tributária, 1992. v. 17, p. 151.

(34) DERZI, Misabel Machado. *Op. cit.*, p. 198.

ou o Fundo de Garantia pelo Tempo de Serviço (FGTS), visando à aquisição de casa própria. Diferentemente, as contribuições sociais previdenciárias (espécie) servem para o financiamento da seguridade social: previdenciário, saúde e assistência social.

Questão importante perceber o paralelismo entre tais espécies. Aquelas primeiras contribuições (gerais) podem implicar parafiscalidade facultativa, porque podem ter sua arrecadação efetivada diretamente pela União, integrando o seu orçamento fiscal e, após, ter repassado seus importes aos órgãos ou pessoas jurídicas criadas para administrar o serviço. Por outro lado, as contribuições sociais previdenciárias, além de se regrarem por princípios tributários específicos (anterioridade nonagesimal, por exemplo), sujeitam-se a uma parafiscalidade inafastável. Estas contribuições se caracterizam por excepcionarem o princípio da anterioridade da publicação da lei tributária ao exercício da cobrança; por integrarem exceção à regra geral de que a pessoa competente pelo tributo tem também capacidade tributária ativa, não se mantendo, no caso, a aptidão da União (SRFB) cobrá-las ou administrá-las fisicamente — circunstância que nos remete ao necessário questionamento acerca da constitucionalidade ou não de vários artigos da Lei n. 11.457/07, embora aqui não sejam, propriamente, objeto de estudo; por estarem sujeitas ao mesmo regime dos impostos residuais, quanto à instituição de novas fontes, entre outros.

O elo que se quer ressaltar da contribuição social (sobretudo previdenciária) e o da legitimidade na tributação moderna constituem justamente sua marca diferencial: a necessária relação com a despesa efetuada ou vantagem especial referida aos sujeitos passivos respectivos (contribuintes), além da prévia e inequívoca destinação da respectiva receita. Mantém-se, destarte, a importância da exação, tanto na finalidade de sua instituição quanto na afetação de sua receita de custeio à atividade estatal, pressuposto de sua existência. Nesta óptica, resta atenuado o art. 4º, II do CTN. Luciano Amaro[35] bem pondera no particular, quando diz que:

> (...) destinação, em regra, não integra a definição do regime jurídico do tributo. Neste caso, obviamente não se cogitará do desvio de finalidade para efeito de examinar a legitimidade da exação. O que se afirma é que a destinação, quando valorizada pela norma constitucional, como nota integrante do desenho de certa figura tributária, representa critério hábil para distinguir essa figura de outras, cujo perfil não apresente semelhante especificidade.

As contribuições sociais, como se depreendem, despertam maior interesse populacional no seu acompanhamento e controle, em função da afetação que possuem. Isso garante consequente diminuição de rejeição social, porque se serve justo para garantir a manutenção e a estruturação do sistema de serviços sociais indispensáveis e gerais. Possui o rigor legal típico da tributação, o que evita medidas casuísticas e políticas setorizadas ou temporárias; conformando, ao contrário, um sistema jurídico exacional igualitário, previsível e com manifesta legitimidade.

---

(35) AMARO, Luciano da Silva. Conceito e classificação de tributos. RDT, São Paulo: p. 286, 1991. v. 55.

É ainda indispensável reconhecer que até as contribuições sociais transmudam sua natureza jurídica a depender do contribuinte. Ou seja, pode um mesmo tributo registrar sinalagmatismo (mediato ou imediato) para certos contribuintes e para outros não; deflagrar, por exemplo, inclusive, feição de imposto. Isso, porém, não diminui nem afasta a valorização nuclear da contribuição no "sistema de tributação". Primeiro porque se rege pela afetação direta ou, na pior hipótese, pela afetação potencial ou solidária, necessariamente preestabelecida; segundo, porque as prioridades sociais são definidas e estancadas, em razão de suas receitas, com maior possibilidade de intervenção popular e; por fim, porque mesmo o viés de "imposto", para alguns contribuintes, segue menos resistido, por saberem da aplicação dos importes arrecadados, fruto de gerência também desses contribuintes em função da destinação própria com repercussão direta.

2.2.5. Conclusões

O Estado Democrático de Direito Contemporâneo encontra-se desfalcado de legitimidade. Isso significa que a participação, o controle e o papel dos cidadãos componentes do Estado foram ofuscados por "funções estatais", sem correspondência às dicções contratuais historicamente preestabelecidas. As teses contratualistas e neocontratualistas foram, em maior ou menor intensidade, corrompidas. O denominado Estado Democrático de Direito passou a ser uma ficção. Surge-nos a necessidade de resgate dos paradigmas de realização de um Estado efetivamente de direito e democrático.

Observa-se que uma das atividades centrais do Estado Contemporâneo e das que mais incomodam aos cidadãos ou pelo menos possuem acentuada rejeição social é a tributação. A tentativa que aqui se ensaiou foi estabelecer uma proposição de realce à legitimidade estatal, a partir da aposição da "contribuição social" como núcleo de exação no País.

As justificativas para essa ideia são as mais variadas e, à guisa de conclusão, pode-se dizer que a participação, o controle ou o interesse dos componentes do grupo social são mais visíveis e sensíveis na ênfase de exação ou tributação, através de contribuição social ou de imposto com destinação específica que na padronização de "impostos gerais", como atualmente realizado, por sua natural afetação naqueles casos e desafetação nestes. Sugere-se como elemento de recomposição de legitimidade estatal a nuclearidade da exação pelas contribuições sociais. Serviços públicos indispensáveis e de reforço social são prestigiados, a exemplo da natural ênfase de melhoramento na saúde, na previdência ou na assistência sociais; ou também na educação. São alterações normativo-tributárias paulatinas e programáticas, capazes de realinhar o elemento estatal "povo" a uma nova órbita de coerência, unidade e pluralidade.

Permitir-se-á, através desse mecanismo de centralização da contribuição social no "regime de tributação", aumento de legitimidade estatal, minimizando em contrapartida eventuais locupletações de agentes ou gestores públicos que ocupam funções estatais, promovendo-se, ao contrário, maior estabilidade, aumento de satisfação e engajamento populacional à coisa pública, através da contraprestação sempre iminente ou real fornecida pelo Estado a cada um de seus componentes de modo preconcebido, normatizado, genérico e uniforme.

Autonomia institucional às carreiras e instituições típicas de Estado são coadjuvantes indissociáveis à implementação sistemática de reformas orçamentárias e tributárias no intuito de recuperar e viabilizar a convivência pacífica no Estado brasileiro.

A perspectiva da reforma pretendida é atuar nos elementos de fundo normativo--objetivo, diminuindo a ingerência política ainda sobremodo existente, cogitando que a mudança de tais parâmetros é incógnita, senão reconhecidamente suficiente, ao menos, capaz de aumentar a cidadania fiscal, diminuir a desproporção de responsabilidade tributária entre contribuintes, desconcentrar e melhor repartir a tributação e ainda evitar maior exclusão social com potenciais serviços prestados por fundos privados de aposentadorias e pensões, em detrimento e em razão do sucateamento do regime geral de previdência pública. Devem ser definidas as prioridades circunstanciais e perenes, a partir de escolhas que envolvam e contemplem o máximo do bojo societário e, a partir de então, perquiri-las com maior controle sobre os mecanismos de atuação dos agentes de poder em face da vinculação de verbas existentes.

2.3. Legitimidade na mecânica fiscal-previdenciária: das técnicas de revalorização implícita e de procedimentalização do subsistema arrecadatório-exacional

2.3.1. Considerações prévias

O capítulo possui um compromisso crítico ao modelo geral de "tributação", tencionando empreender um novo regime de arrecadação, nuclearizado pela contribuição social. Por isso, em certo aspecto, ele é aperfeiçoamento, embora com outra ênfase, de outra publicação[36] deste subscritor. Lá, trabalhou-se uma ideia de reforma ao "sistema tributário", ainda que diferente das propostas hoje mais comumente apresentadas. Em síntese, com a presente obra, não se pretende aprimorar o sistema arrecadatório de impostos, ora pela concepção do Imposto de Valor Agregado (IVA), ora pela tributação

---

(36) MARINHO FILHO, Luciano. Linhas primeiras de um sistema tributário: a "contribuição social" como elemento nuclear. *Revista Tributária e de Finanças Públicas*, São Paulo, RT, ano 17, n. 86, p. 201-217, 2009. Como se trata de proposta em construção, a melhor compreensão destes textos exige a segmentação dos assuntos abordados em pelo menos três partes: (1) o reconhecimento do vigente distanciamento entre Estado e sociedade civil, bloqueando o "pacto social" que resulta no conflito comunitário e institucional, acentuando ineficácia e ilegitimidade do Estado Democrático de Direito e, consequente e particularmente, o fenômeno da tributação; (2) a abordagem propositivo-reformista do sistema tributário nacional em resposta à crise conjuntural ou paradigmática da modernidade; (3) solução prática através do desenvolvimento racional e aplicativo-segmentado das propostas a um subsistema exacional-tributário nacional vigente que, por seu turno, se torna objeto dos modelos propostos sistematizados. Esse modelamento preliminar serve de arquétipo à subsunção empírica, no caso, do subsistema exacional de arrecadação de contribuição social realizada pela Justiça do Trabalho.

progressiva ou regressiva (impostos positivos ou negativos), conquanto também não seja contraditório nem excludente a quaisquer desses pressupostos. Entretanto, aqui, foca-se reconstrução do sistema exacional-tributário, centralizado na modalidade de exação por contribuição social, satelizando os impostos e pretendendo, deste modo, promover a garantia de investimentos Estatais aos serviços públicos primários. Numa perspectiva, inclusive, coparticipativa e solidária da sociedade. Com isso, procura-se recuperar a legitimidade exacional e, em extensão, do ordenamento jurídico, das instituições coligadas e do próprio Estado. Evita-se, também, excesso de discricionariedade (volume de recursos em aberto) aos representantes políticos, na medida em que a maior parte das finanças públicas se tornaria prefixada à prestação de serviços sociais discriminados. Ademais, entre os próprios contribuintes se afasta ou diminui a resistência, por vezes até justificáveis, de assunção e pagamento da tributação incidente em função da discreta contrapartida Estatal.

Como ensaio, em aspecto menor, pretende-se submeter essa ideia reformista ao subsistema arrecadatório de contribuição social, operado no âmbito da Justiça do Trabalho. Várias questões complexas, mas positivas, circunscrevem-se a esta tentativa de inovação conjuntural, aplicada a este subsistema exacional-tributário. Uma delas se destaca pela automação, eficácia e repercussão social que promove, sem descurar da questão da legitimidade formal e material dos novos procedimentos e regramentos.

O aspecto ético que envolve o caso também parece inclinar-se pela viabilidade da inovação proposta. O ordenamento decantou verdadeiro subsistema apartado na arrecadação de tais contribuições em relação aos demais espécimes tributários.

O viés dado ao caso pelo ordenamento jurídico, sucintamente regrado pela CR/88, arts. 114 e 195; pelas Leis ns. 8.212/91; 10.035/00; 11.457/07 e 11.941/09, parece justificável, ao menos do ponto de vista de ordem prática; assim também, pelos explícitos aspectos de cunho moral inclusivos que se intensificam pela proposição, na medida em que todos os contribuintes, direta ou indiretamente, se utilizam e/ou se utilizarão dos préstimos da previdência social. Tal contingência fortalece a necessidade de envolvimento e sacrifício social, visando estruturar os cofres públicos, que servem para subsidiar os serviços e os benefícios sociais.

No aspecto político, também serve a nova direção proposta para aumentar a legitimação dos atos de imposição, inerentes à "tributação", sobretudo em função da diminuição de verbas públicas desvinculadas e flutuantes. Noutras palavras, com esta nova estruturação, garante-se maior engajamento dos investimentos públicos e menor discricionariedade ao gestor ou representante político, de sorte a estabelecer maior aplicação de verbas no interesse público primário, além de maior previsibilidade, segurança, qualidade e continuidade de serviços públicos específicos.

O problema da legitimidade possui, deste modo, uma preocupação ímpar, porquanto especificamente tratada de maneira menos abstrata, com preocupações de coerência centradas nos procedimentos em si, na lógica das sucessivas hipóteses de incidência de contribuição e no substrato material ordenatório-interpretativo que aqui se promove e defende. A questão de fundo redunda na defesa da unidade nacional, nos préstimos de atividades de ordem social ampla (aposentadorias, pensões, serviços sociais, etc.), de defesa, enfim, dos hipossuficientes (trabalhadores idosos e dependentes) e, em bom aspecto, na própria sustentabilidade do sistema produtivo.

A circunscrição de conteúdo estrito, isto é, no universo das normas tributantes, quais os substratos e quais as interpretações possíveis delas (limites e alcances), especificamente, constitui um problema complexo, porquanto se recaia em matriz axiológica ou deôntica, submetida inclusive à dinâmica social, tornando a sistematização difícil. Ainda não propusemos de modo científico uma resposta final a este problema, se é que seja possível. Não vislumbramos oportuno nem suficiente acostar conjecturas aprofundadas em teorias problemáticas (retóricas, argumentativas ou dialéticas) nem sistemáticas para tanto. Na verdade, até agora, não conseguimos delinear uma teoria objetiva aplicável às escolhas de assuntos e conteúdos normativos. Ou seja, não encontramos nenhuma teoria que permitisse o controle do substrato das normas, bem como de sua aplicação que parecem estar submetidas ao crivo da volutividade da sociedade, impulsionando-se pelos mais variados organismos sociais: sindicatos, organizações não governamentais, instituições públicas, corporações empresariais, entre outras. A instrumentalização destas escolhas e a fixação normativa de cristalização de conteúdo se perfaz através da representação política, reconhecendo-se, apriorística e destacadamente, seu dinamismo e seu caráter optativo, apesar de eventual regularidade em algumas matérias.

Numa contextualização mais dogmática, também inerente ao presente texto, podemos dizer que a Constituição da República Federativa do Brasil de 1988 e as respectivas Emendas Constitucionais (Poder Constituinte Originário e Derivado) mais a legislação infraconstitucional, composta pelos atos normativos primários e secundários (Poder Constituído), conformam o cerne nuclear do Estado Democrático de Direito Brasileiro, ao menos, no viés normativo-legal.

Estruturalmente, a divisão de funções de Poder no País se teorizou pelo classicismo de Montesquieu (tripartição de poderes), ensejando ao Executivo e ao Legislativo Pátrios a legitimidade advinda do voto universal (participação popular) e da periodicidade de mandato. É dizer: existe escolha periódica de seus representantes pelos cidadãos. E isso é a expressão mais próxima do "governo do povo", aliado episódica e eventualmente a outros institutos, como o plebiscito e o referendo.

Mais delicada, nessa perspectiva, é a legitimidade *a priori* do Poder Judiciário, à medida que não incorpora à sua estruturação manifestação popular na escolha nem composição renovável de seus integrantes. Seus membros são agregados por concursos públicos e por escolhas dos representantes de outros poderes para integrarem seus órgãos de cúpula (tribunais superiores) por intermédio do quinto constitucional. No caso, ocorre um alijamento populacional na escolha e controle dos representantes; na última hipótese, estabelece-se uma espécie de *looping* ou "representação de outra representação", enfraquecendo, por certo, ainda mais a expressão popular — naturalmente indireta.

A fragilidade se mostra mais acentuada se considerarmos que o próprio instituto da representação pelo voto direto, secreto, universal e periódico já corresponda a um exercício indireto do poder e retrate um fenômeno da modernidade, conquanto implique atenuação e desnaturação do real significado de democracia.

Se a legitimidade, por conseguinte, se apresenta sobremodo atenuada nos Poderes Executivo e Legislativo, com mais razão, se mostra quase inexistente no Poder Judiciário e isso o aquiesce, pelo menos perante a população, diante das demais funções de Poder. E ressalta a necessidade (emergência sistemática) de se encontrar parâmetros (científicos) objetivos para atuação e fundamentação dos poderes.

2.3.2. Pressupostos da democracia original e análise das correntes contratualistas na óptica do subsistema fiscal arrecadatório- -trabalhista

Inicialmente, traça-se um rápido paralelo entre duas clássicas teorias que explicam a democracia. A primeira delas é a democracia contratual de Rousseau, que apresenta um modelo interpretativo de realidade, situando a base do poder político no consenso entre indivíduos. Para esse pensador, a "sociedade em si" representa a origem da deformação humana. Já para autores como Hobbes e Locke, ocorre o contrário: a sociedade civil é vista como solução para equacionamento de garantias dos direitos naturais, a permitir a sobrevivência de cada um.

Aqui, em provocativa análise, partiremos da premissa da democracia de Rousseau para chegar a embaraçosas conclusões de falência do Estado Democrático de Direito. Essa constatação, decerto, mais que justifica a falta de unidade e legitimação do ordenamento jurídico-exacional-tributário e do próprio Estado moderno e serviu de preocupação e desenvolvimento teórico da presente tese de resgate.

Nessa óptica, aliás, a propriedade privada fomentou a sociedade civil que, por seu turno, promoveu o aparecimento do Estado Moderno que, por derradeiro, justificou o sistema de tributação construído e empregado. Portanto, pontue-se que falar do desenvolvimento e funções do Estado é, concomitantemente, reconhecer a tributação inerente a ele. Por isso, a fixação do ponto de partida no próprio Estado Moderno.

O fato, segundo a teoria de Rousseau, é que a sociedade política nasce como elemento de negação das desigualdades responsáveis pelos problemas. A igualdade e a liberdade entre cidadãos são pressupostos da democracia. O interesse público é superior ao interesse individual ou restrito: é o que se denomina de vontade geral.

Entretanto, frise-se que, para consecução desta teoria, existem condições (verdadeiros pressupostos) imprescindíveis ao instituto da democracia, entre os quais citamos:

a) igualdade de participação entre cidadãos (homogeneidade), pois o apetite acumulador dos ricos leva à corrupção dos representantes públicos (por exemplo, magistrados) e reduz os cidadãos à servidão, circunstância que impede a "vontade geral" de dirigir a "força do Estado";

b) o "político" é um espaço autônomo, uma dimensão do agir humano de maior vulto: esfera de atividade humana não subordinada a nenhuma instância, representando o interesse público, constituindo o valor maior da sociedade;

c) participação direta no poder soberano: exercício permanente da individualidade nas decisões fundamentais da coletividade.

Nesse diapasão, democracia significa identidade entre governantes e governados, os quais, em resumo, são pontos vitais de sustentabilidade da democracia: subordinação da economia à política; educação pública como real projeto pedagógico e participação política intensa (liberdades negativas e positivas).

Por outro lado, vivenciamos um panorama atual bem adverso: ausência da pretensa igualdade (falta de homogeneidade) no qual as diferenças, ironicamente, chegam ao ponto em que um cidadão é suficientemente opulento para comprar outro — e alguns são pobres o bastante para se sentirem impelidos a vender-se. Parece inexistir condição para construção democrática nestes termos.

Entendemos que ocorre progressiva perda da função legitimadora pela função finalística. E esta finalidade é amoral e desprovida de mínimo conteúdo ético. O contexto: incompatibilidade entre premissas da democracia rousseauniana e a sociedade emergente. A circunstancialidade para o insucesso da teoria democrática: planejamento original de aplicabilidade, que se emprega a pequenos Estados tais como Genebra (Suíça) ou Grécia antiga, nos quais a participação popular era direta e bem mais intensa; unidade e convergência de interesses eram maiores.

A pluralização de Estados e o gigantismo populacional arregimentaram a fragmentação da teoria democrática. Possível consequência desta falência é a conformação de uma democracia meramente formal, cujo papel desempenhado é de ordem procedimental ou instrumental a conformar o *status quo* e a estabilidade social por meio da democracia representativa das massas.

Esse modelo parte do sistema legal que instrumentaliza e viabiliza a perpetuação e amadurecimento da sociedade do capital, porque mantém um mínimo tolerável de estabilidade social, realimentando o desenvolvimento industrial, tecnológico e financeiro, embora não signifique, necessariamente, incremento de liberdade ou distributividade; muito menos, igualdade entre pessoas, ou ainda, melhor qualidade de vida, proporcionalmente falando.

A ação política (de Rousseau) tornou-se espaço de negociação de interesses contraditórios de grupos sociais. A permeabilidade do ordenamento jurídico e a subordinação progressiva à lógica racional econômica fomentaram o Estado Democrático de Direito atual, repercutindo, diretamente, no sistema tributário.

No propósito de aprofundamento, ainda que panorâmico, das ideias contratualistas para justificar a legitimidade do Estado, citaremos três das principais correntes para delas tentar extrair repercussões sobre o modelo de "Estado Democrático".

A primeira delas é a corrente absolutista, apoiada nas ideias de Hobbes, Spinoza e Pufendorf, a qual defende a ideia de Estado como expressão de uma "lógica para o bem comum"; o segundo grupo (contratualismo liberal), defendido por Locke, estabelece a preocupação do "controle e limitação entre poderes do Estado"; conquanto a última corrente (democrática) tenha sido, por motivo literal, aquela até então pontuada, mas que, desafortunadamente, como se percebe, não pareça conformar a realidade nacional nem mundial diante da discrepância da tese de conformação de indivíduos a uma racionalidade pautada na "vontade geral".

Historicamente, com a crítica de Hegel, David Humes e Marx, as teses contratualistas foram substituídas pela "ação de classes", "grupos sociais" e "instituições" que, agora, diante do fenômeno da globalização, parecem arrefecer e promover, em certo aspecto, ressurgimento do denominado neocontratualismo, a justificar conformações estatais e respectiva legitimidade. É este um dos relevantes motivos do resgate das teses do contratualismo para descrever os corolários do Estado Moderno e repercussões de perspectiva neocontratual sobre a tributação.

O neocontratualismo, diversamente do contratualismo clássico, que privilegiava a legitimação do poder político, funda-se no consenso entre indivíduos, legitima as denominadas "normas de justiça na sociedade" como critério fundante. A democracia é, portanto, reflexamente suprimida, mantendo-se-lhe apenas formal ou simbolicamente.

O contrato clássico, que representava o consenso advindo do corpo político para realizar o bem comum, foi substituído pelo contrato "atual", balizado noutro fundamento: o do método de negociação com ênfase em acordos sobre interesses conflitivos.

Nessa alteração, ressaltaremos dois desdobramentos marcantes do neocontratualismo: o delineado por Robert Nozick — na defesa de um Estado mínimo, que implica uma espécie de (ultra)neoliberalismo e os modelos de John Rawls e John Keynes — na implantação de um Estado menos retraído e, por consequência, mais participativo e de "bem-estar social" (*welfare state*).

A esta altura, chega-se a um estrangulamento, a um dilema incontornável, qual seja: o do aperfeiçoamento ou recusa da implantação do Estado de bem-estar social. A recusa de aplicação, em termos histórico-pragmáticos, significa risco de retorno ao liberalismo desagregador, gerando aprofundamento das distorções socioeconômicas; enquanto a admissão corresponde, de plano, em maior ou menor grau, à manifesta incompatibilidade entre sua estruturação e as relações de produção ou, ainda pior, ingenuamente, crê-las como elementos suficientes de distribuição de renda e transformações humanas efetivas, quando histórica e contrariamente representaram (e representam) apropriação e fatores de disparidades socioestruturais.

A preocupação prática moderna de revelar uma nova perspectiva de "legitimidade de Poderes e de Estado" ou de "Justiça Social" entre políticos e estudiosos parece falha, ao menos a partir das premissas do contratualismo.

Desta feita, desafortunadamente, o estabelecimento e a aplicação de critérios científico-doutrinários em busca de obtenção da "justiça de decisões" ou de "legitimação tributária", a partir do axioma contratual, sobretudo entre os operadores do direito, exprimem inexoráveis e previsíveis instrumentos do capital ou, na melhor hipótese, traduzem meras resistências pontuais e arbitrárias (a despeito de intenções subjetivas), promovidas por determinados setores do Estado que, por seu turno, terminam, voluntariamente ou não, como elementos de contenção da sociedade, garantindo sua estabilidade e solidificando o *status quo*, através da instrumentalização do denominado "Estado Democrático de Direito"; conquanto, na realidade, mais aproximado ontologicamente a um Estado Plutocrático, Aristocrático ou Oligárquico de Direito.

Impressões pessoais à parte, o Brasil, de acordo com classificação internacional de pesquisas realizadas pela revista *The Economist*[37], nos anos de 2006 e 2008 entre 165 países e dois territórios estudados, possui uma democracia intitulada "imperfeita" entre padrões estereotipados por democracias ditas "plenas", "imperfeitas", "híbridas" ou de "regimes autoritários". Neste pormenor, as "democracias plenas" são totalmente atribuídas a países de primeiro mundo, à exceção do Uruguai.

2.3.3. O problema do conteúdo ético-normativo e a técnica de legitimação procedimental

Conforme se depreende, diante de uma desagregação tão acentuada, consoante demonstrado, e da incapacidade de uma fórmula de objetivização satisfatória ao conteúdo das normas, particularmente as exacionais-tributárias, instituímos a necessidade de fixação prévia de conteúdo normativo ético, presumivelmente potencial e manifesto na disposição ordenada das normas de exação, desenhadas pelo novo modelo do subsistema proposto e, a partir disso, e dele, promover-se a construção de uma prática mais lógica, afeta à mecânica processual, como tentativa de recuperação de legitimidade exacional-tributária.

Levando às últimas consequências toda problematização enfrentada, indaga-se: existe compatibilidade possível entre uma "tributação" legítima e o meio de produção que incentiva o acúmulo de riquezas? No âmbito desta obra, entretanto, opta-se por não mais pormenorizar o caso e, não obstante, insistir na apresentação de uma proposta construtiva de inegável recomposição de procedimentos e institutos jurídicos, fundados numa "tributação" essencialmente redistributiva e vinculada.

Dado o ponto de partida na contribuição social como ente nuclear (aqui, por si, já existem conteúdos ou substratos implícitos), foca-se na preocupação de constatar e estabelecer elementos componentes da engrenagem processual, resultantes deste novo subsistema, com uma procedimentalização objetiva, previsível e racionalizada.

---

(37) Dados reproduzidos a partir de conclusões publicadas por Laza Kekic — diretor de serviços internacionais da The Economist Intelligence Unit's index of Democracy. Disponível em: <http://www.economist.com/media/pdf/Democracy_Index_2007_v3.pdf> e <http://graphics.eiu.com/PDF/Democracy%20Index%20 2008.pdf>.

O trabalho se subdividiu em dois campos de ação: um primeiro material, no qual se pretendeu fixar conteúdo ético, através da mudança de eixo do sistema exacional-fiscal; subvertendo a atual posição de marginalidade das contribuições sociais, centralizando-a para, em oposição, secundarizar os impostos, que representam verbas públicas desvinculadas e não necessariamente atreladas ao interesse público primário. Enquanto o outro, representado pelo plano tecnoprocessual, tanto de natureza administrativa quanto judicial, no qual se desenvolve toda a dialética procedimental que culminará na decisão de mérito ou na sua não apreciação (matéria de fundo) por algum motivo previamente regrado, desobedecido ou não preenchido.

Essa fragmentação teórica é construída para tentar explicar e resgatar uma perspectiva fenomenológica mais legítima de exação. Especificou-se e desenvolveu-se uma proposta arraigada à tipologia das contribuições sociais, nas quais se reconhecem elementos de vontade, impregnados ao conteúdo das normas. A correção sugerida é motivada pelo empirismo vivenciado no cotidiano das lides fiscais e de suas vicissitudes. Acosta-se potencial conteúdo ético junto com teorização racional (na parte da mecânica processual) e mesmo, dentro do possível, na delimitação objetiva de condutas exacional-tributárias, tentando-se circunscrever ou distinguir ações de descumprimento e resistência, porventura legítimas, de atitudes ilícitas ou injustificadas propriamente ditas.

Hoje, não acontece um delineamento entre tais elementos, senão mistura pouco sistemática, quase indiferente e indistinta quanto aos elementos exacionais; nem sempre se permitindo, por conseguinte, identificar setores de contingência, ou desproporções reais, ou ainda, resistências legítimas a exigir melhoramentos do(s) sistema(s); ou, em lado oposto, situações de ofensa à tributação, a carecer de repressão Estatal.

Essa emergência[38] constatada, especificamente, no subsistema arrecadatório de contribuição social, realizado na esfera trabalhista, bem como rompimento elementar de legitimação das exações como um todo, justificaram o desenvolvimento desta dissertação.

---

(38) Edgard Morin, na sua obra *O método — a natureza da natureza,* traz a precisa circunscrição conceitual e qualificação das "emergências" como sendo "qualidades ou propriedades dum sistema que apresentam um caráter de novidade em relação às qualidades ou propriedades dos componentes considerados isoladamente ou dispostos de maneira diferente num outro tipo de sistema". Na ideia de emergência existem ligações estreitas entre qualidades, propriedades, produtos (resultados), globalidade e novidade. A emergência é irredutível (fenomenicamente) e indedutível (logicamente). Para se apreender o significado disso, traremos a ilustração de um evento da físico-química (mais concreto): reação química entre as partículas componentes (átomos) de hidrogênio e oxigênio, formando a molécula de água. Novo elemento (ou emergência) aprioristicamente imprevisível, marcado pela irredutibilidade e indedutibilidade sem perda de natureza em caso de decomposição. No campo jurídico, podemos citar a incorporação da tutela antecipada (fruto da necessidade de regular de modo imediato questões da vida — instituto representativo da "emergência"; ou, no exemplo a ser apresentado nesta obra, o fenômeno da reconstrução de legitimidade tributária (e Estatal), atividade hoje outorgada aos membros da sociedade civil assistematicamente, visando-se colmatar contingências próprias, que hoje ocasionam temerárias perturbações sistemáticas de índole hermenêutico-aplicativas e que, de forma conclusiva, se depreende a mera ficção institucionalizada do Estado Democrático de Direito vigente na sociedade civil. É verdade que Morin se utiliza de uma perspectiva sistêmica e não sistemática como aqui se desenvolve. Entendemos, entretanto, mesmo assim, plausíveis ou oportunas as concepções do autor porque a dinâmica do sistêmico incorpora o sistemático (este

Na parte racional estrita, qual seja, da mecânica processual do subsistema de arrecadação de contribuição previdenciária decorrente de reclamatórias e consignatórias trabalhistas, adotaremos a ideia, ainda que um tanto diferenciada, do teórico Niklas Luhmann.

Vale inicialmente esclarecer que não seria razoável, no âmbito econômico ou produtivo, admitirmos situações e repercussões jurídicas díspares para circunstâncias econômicas de bases análogas. Convém frisar, atualmente, a verificação de que a pretensa unidade ou uniformidade do sistema jurídico processual tributário favorece, em determinadas sub áreas, o desamparo social, a concorrência desleal e a inconsistência prática da tributação, estimulando o inadimplemento intencional. Não podem a pretensa sistematização e a formalização extremas servirem para enrijecer subsistemas jurídicos, dissociados da coerência prática, servindo-se para amparar construção jurídica ficta, minando as expectativas socioeconômicas.

Por tais motivos, a título de verdadeiro protótipo teórico, sugerimos a particularização do subsistema de arrecadação da contribuição social no âmbito trabalhista, conformando um modelo exacional *sui generis* ou tributário-temperado.

SISTEMA DE EXAÇÃO SUGERIDO

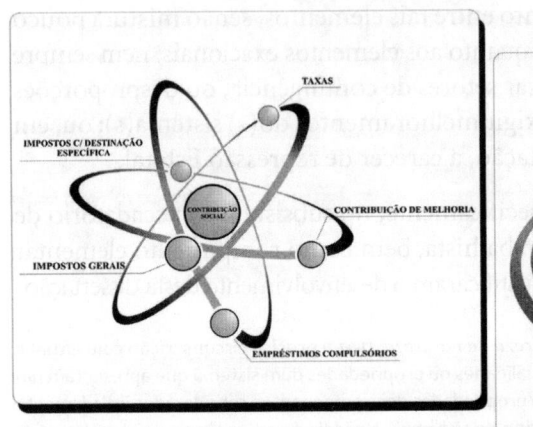

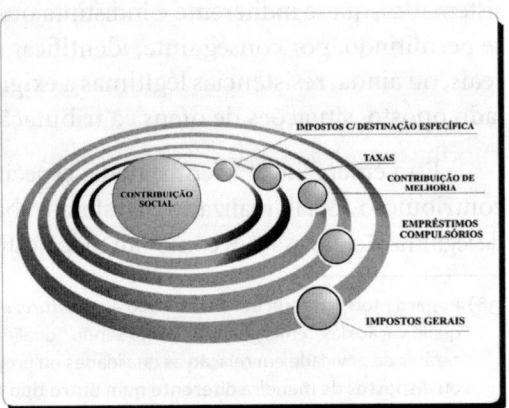

subconjunto daquele), uma perspectiva daquele. Aquele conceito (sistêmico) representa o complexo — a representação mutável da continuidade fenomenológico-temporal. Ou seja: a superposição de "infinitos sistemáticos" conformaria o sistêmico. O reducionismo ôntico-causal analítico (corte epistemológico cingido a incógnitas relevantes) aqui promovido, pela perspectiva sistemática, acautela-se em justificar cada elemento ou instituto trabalhado e respectivos limites e alcances (efeitos) como tentativa menos complexa e mais objetiva ou cartesiana de realçar e resgatar a coerência, a unidade e a viabilidade do ordenamento jurídico, apesar de reconhecermos as limitações (mutilação e suspensão) promovidas com a contextualização fenomenológica. Essa preocupação inicial em se recondicionar o fenômeno jurídico através de bases sistemáticas preestabelecidas decorre do reconhecimento de que o sistema jurídico perpassa, atualmente, no mínimo, por manifesta crise de desenvolvimento o que exige dos juristas e operadores uma postura de recomposição organizacional do objeto de estudo e, quiçá, da própria atividade gnosiológica adstrita.

Mesmo admitindo não existir conformação científica e fechada para perfeitamente circunscrever previsibilidade da norma gerada, nem da sua aplicação ou interpretação (prática) dada pelos agentes ou membros de Poder, pode-se aumentar a vinculação e incrustar consonância axiológica ao conteúdo das normas vigentes e que venham a vigorar. Tal método é uma consequência da mudança de eixo de exação já explicada e que denominamos revalorização implícita. Significa que, quando se modifica a ênfase da atividade tributante, por suas diversas espécies tributárias, privilegiam-se determinadas características e atividades econômicas, tornando-as mais intensas, impositivas, em detrimento de outras. É dizer, repetindo expressão aristotélica: existe uma prefixação deôntica (apodítica) das normas, contemporizando o problema ético-volitivo da essência normativa, assim como de sua interpretação e aplicação: limite e alcance concretos.

2.3.4. Aplicação contemporizada da teoria da "legitimidade pelo procedimento" à mecânica do subsistema de execução da contribuição previdenciária na esfera da Justiça do Trabalho

A ênfase da teorização proposta ao subsistema procedimental é eminentemente objetiva, operacional e lógica. Como se pode perceber, tal proeminência não se apresenta necessariamente unívoca às regras gerais de tributação; mas, corresponde a subconjunto dela ou mais apropriadamente à sistema exacional distinto, efetivamente *sui generis*, recuperando-se, acaso assumido, a unidade e a coerência do sistema exacional-tributário na parte estudada (subsistema arrecadatório contributivo na seara trabalhista). É dizer: as diferenças reconhecidas não são necessariamente excludentes entre si, embora descrevam setores marcados por relativa diferença e autonomia. As idiossincrasias das execuções de contribuições sociais operadas pela mecânica processual trabalhista exigem conformações jurídicas que mantenham direcionamento das atividades econômicas, de sorte a se conservar um nexo de proporcionalidade das atividades econômicas, condutas geradoras e incidentes de exação e a respectiva capacidade econômica[39] existente entre contribuintes.

Além desse viés isonômico, deve-se levar em consideração indispensáveis características de previsibilidade, uniformidade, imparcialidade e sequenciamento lógico--científico, inerentes à (re)pontuação procedimental proposta que podem, em boa parte, ser alcançadas.

Na roupagem filosófico-científica de Niklas Luhmann, ainda que difusamente, há certa dose de retorno à crença na "força ou sanção" como essência do direito, embora

---

(39) Embora neste texto, tratadas sem maiores distinções, capacidade contributiva e capacidade econômica representam expressões diferentes. Apesar da diversidade de planos sobre os quais se podem trabalhar tais institutos (político, jurídico, sociológico e econômico), é possível antecipar, conforme aponta o doutrinador português João Ricardo Catarino, na obra *Redistribuição tributária: estado social e escolha individual*, p. 44, que não se confundem: "na medida em que alguém pode possuir rendimentos e patrimônio e não revelar capacidade contributiva, desde logo se esse rendimento ou patrimônio não forem além dos mínimos vitais de subsistência. A capacidade contributiva tem, assim, um vetor essencialmente, mas não exclusivamente econômico".

sua legitimidade esteja pautada não na "lei" em si, mas no "procedimento" de que se serve como elemento pressuposto.

Por isso, pelo menos sob esse aspecto, talvez em Luhmann, haja uma (re)ligação às ideias de ordem e de imposição tipicamente kelsenianas. Não obstante, bem maior vinculação se envolva ao procedimento como um todo — ente controlável ou racionalizável, capaz de regular, com boa dose de engenhosidade, o plano das relações sociais conflituosas — o que é mais importante.

Essa preocupação prévia, a respeito do conteúdo normativo, exprime nossa diferença à pureza refletida na imparcialidade da tese de Niklas Luhmann para com qualquer existência de conexão entre regime democrático ou valores axiológicos para (e na) fundamentação da ordem jurídica. Por isso, limitamos a aposição de sua teoria às etapas procedimentais judiciais, administrativas ou híbridas, que conformam a constituição ou a declaração do crédito exacional-tributário. O conteúdo normativo anteposto é preocupação ainda não totalmente superada, embora ética e isonomicamente distribuída com a nova ordem dispositiva de espécies exacionais-tributárias centradas na contribuição social.

Pela teoria de Luhmann, ocorre uma aceitação tácita dos grupos sociais que se constrói e se manifesta de modo autopoético, sobre a qual, por seu turno, conforma-se à legitimação da teoria procedimental.

O resgate da legitimidade, aplicado a este trabalho, portanto, se funda no emprego da autonomia do procedimento judicial em relação a outros (sub)sistemas não judiciais. A legitimação ocorre pela coisa em si, pelas etapas predefinidas, pela objetividade e igualdade de possibilidades entre os contendores de comprovarem, através desta via, o direito violado. O resultado do julgamento é apenas um dos tópicos inerentes ao próprio procedimento e não se reveste de importância maior que qualquer outra etapa conformatória porque, qualquer que seja a resposta sentencial, ela não se mostra capaz, necessariamente, de persuasão dos envolvidos. Portanto, é no bojo do conjunto procedimental totalizado que se reveste a legitimação. A própria eficácia jurídica também decorre do elemento procedimental objetivizado, revelando — legitimidade, eficácia e procedimento — elementos próximos e ressonantes.

Outra característica de racionalização obtida por esta teoria redunda na despersonalização da lide jurídica que, por seu turno, implica resolução conflituosa através de modalidade exclusivamente jurídico-formal; assim como a isonomia das partes processuais significa um pressuposto permissivo da relação dialética e polarizada; e a imparcialidade do juiz, promoção de expectativa ou viabilidade de sucesso às partes, diante da incerteza quanto à decisão a ser proferida.

Para se evitarem alguns dos pressupostos indesejáveis da tese luhminniana, a exemplo, principalmente, do descompromisso de conteúdo, ela foi contemporizada e restringida à mecânica procedimental que ocorre na cobrança da contribuição previdenciária, operada pela Justiça do Trabalho.

Embora necessariamente não se concorde com a interpretação dada por alguns teóricos acerca da tese de Luhmann, vale acrescer que, ao ver desses estudiosos, parece-se inferir que o próprio Luhmann, em certa medida, tenha flexibilizado a amoralidade do sistema jurídico de legitimação procedimental, quando inseriu como elementos ou instituições fundantes, intrínsecos ao sistema jurídico, os direitos fundamentais.

> (...) um outro importante elemento para a legitimação das decisões estatais são os direitos fundamentais, concebidos com taxonomia funcional estruturalista, relegando sua taxonomia ontológica. Luhmann os concebe, antes de tudo, como instituições, que regulamentam expectativas comportamentais dos cidadãos, através de atribuições específicas. Os direitos fundamentais são instituições relevantes para sociedades com elevado grau de complexidade, como as sociedades ocidentais pós-modernas, que apresentam uma intensa diferenciação do tipo funcional.[40]

A tese luhminniana, obliquamente, preocupa-se com o tema quando expõe a 'fórmula de contingência' do sistema jurídico. Para ela não existe realmente necessidade ou compromisso de busca de Justiça — se é que tal virtude seja identificável, universal ou existente. Rechaça a Justiça jusnaturalista. Também não utiliza conceito de valor. Sugere a ocorrência de autoajustes, decorrentes de padrões nas respostas do ordenamento, mais ou menos aceitos ou esperados, equilibrando uma quantidade normal de querelas e delitos[41]. Toma-se a ordem como um resultado fático da evolução. Como o sistema jurídico possui função de estabilização de expectativas normativas, a teorização parece dirigir-se para uma Justiça (normatizada), conquanto não seja nem responda como produto de seleção determinada.

Apesar de tudo, a 'fórmula de contingência', lamentavelmente, permanece no plano abstrato, não se permitindo aplicação, ao menos no âmbito da intensidade prática que aqui se depara, não se mostrando compatível ao nível de resolução das expectativas sociojurídico-exacionais. Ou, como reproduz o próprio teórico: "La fórmula de contingência es únicamente um esquema de búsqueda de fundamentos o de valores que no pueden obtener validez jurídica a no ser en la forma de programas"[42].

Presume-se, destarte, a incompletude do fenômeno exacional-tributário pela "racionalização-objetiva". Percebe-se nítida limitação, através da compreensão acima descrita, da aplicação da tese luhminniana. Isso forçou uma utilização parcial e apenas flexibilizada desta teoria, evitando o risco de recidiva que a imparcialidade da teorização poderia gerar: eventual surgimento de um sistema jurídico "ditatorial e desumano" ou permeável a uma legitimidade formal ou ficta, decorrendo ineficácia e manutenção de resistências veladas e explícitas, uma e outra, nessas circunstâncias, até justificáveis.

---

(40) AGRA, Walber de Moura. Luhmann e a Legitimação da Jurisdição Constitucional. *Revista Eletrônica do Instituto Brasileiro de Estudos Constitucionais – IBEC*. Disponível em: <http://www.ibec.inf.br/revista.html#docente>.

(41) LUHMANN, Niklas. *El derecho de la sociedad*. Colleción Teoría Social. México: Universidad Iberoamericana, 2002. p. 281.

(42) *Ibidem*, p. 285.

Não obstante, por esta via de legitimação, ainda que se relegando parâmetros não objetivos incrustados às decisões judiciais, reservando indeterminações indesejáveis, podem-se explicar vários outros problemas vinculados ao procedimento ou mesmo de atualização sociojurídicos, afetos aos embates entre a autonomia do subsistema jurídico e o natural dinamismo social, produzindo choques de realidades (externa e interna), contornados através da existência operante de seletividade nos fluxos de absorção os quais ocorrem por via de uma espécie de membrana de calibração existente entre os subsistemas, por se constituírem de estruturas procedimentais abertas (não fixas), embora compostas de espaço amostral finito, mas variável no tempo. Assim, têm-se sucessivos "impulsos de variação" submetidos à seleção do sistema jurídico, fomentando a estabilização final[43].

Esclareça-se, enfim, que, através desse delineamento, não se concebe completamente superado o desafio da legitimidade nem o da jurisdição e da soberania popular na conformação da "tributação moderna". Pontos ainda não superados e de intensa e incômoda repercussão na sociedade.

Pretende-se, através de um agir proativo e da consequente superação da contingência fenomenológica socioeconômica e jurídica diagnosticada, assumir-se a crise jurídica vigorante como não estrutural, senão, apenas conjuntural, tentando-se contorná-la avocando o compromisso racional de promoção de reformas setorizadas que garantam respostas menos insatisfatórias aos problemas relacionais vivenciados na órbita exacional-fiscal.

2.3.5. Conclusões

Verificado o descompasso da atividade tributante do Estado e, por consequência, a necessidade de recuperação da legitimidade estatal, focando-se no cerne de sua atividade fisco-arrecadatório e sociocontraprestativo e, ainda, dada a existência de um bojo normativo ineficaz, incoerente e divergente, defendeu-se a ideia geral de remodelamento do (sub)sistema exacional-tributário. Dada a complexidade da questão e das limitações deste texto, apenas se pontuaram algumas das principais estruturas possíveis de recuperar a contingência sociojurídica atual. A aplicação do sistema teórico foi pensada à mecânica de cobrança exacional das contribuições sociais, operada na Justiça do Trabalho, embora não exista aparente impedimento de expansão para outros subsistemas.

Entende-se como viável recuperar ou pelo menos ampliar legitimidade tributária do Estado na reconstrução do ordenamento fiscal, relocando o eixo das espécies tributárias. Sai o imposto como centro de arrecadação fiscal e entra a contribuição social. Isso porque, com essa proposta, se permite, entre outras vantagens, aumentar as atividades públicas primárias, melhorando-se os serviços públicos indispensáveis à sociedade; diminui-se o volume de recursos financeiros do Estado nas mãos de representantes

---

(43) Ibidem, p. 339.

sem destino específico; minimiza-se a resistência, por vezes, justificada de contribuintes que não veem seus recursos empregados em atividades de repercussão socioeconômicas, mas, quando muito, em interesses públicos duvidosos e secundários; entre outros efeitos positivos.

Na perspectiva monográfica, portanto, tentou-se objetivizar regulações necessárias, fragmentando-se a estrutura ou fenomenologia jurídica em duas vias principais: uma, de cunho adjetivo (normas processuais), marcantemente padronizado, através da teoria da legitimação pelo procedimento, conquanto abrandada, de Niklas Luhmann, na qual se compreende que um conjunto de procedimentos imparciais, encadeados e preestabelecidos pode ser capaz de responder às expectativas litigiosas entre os membros da sociedade e do Estado; e, de outro lado, a fixação do conteúdo e interpretação normativas (normas materiais), apesar das limitações e dificuldades éticas ou deônticas, viabilizando-se posterior concretização e controle. Tal desígnio se opera na ênfase de concentração fiscal sob atividades públicas primárias (valores preestabelecidos), como se mostra na proposta que, por si, aumenta muito a repercussão sociojurídica dos papéis exercidos pelos membros da sociedade e do Estado, reforçando-se, desta forma, o engajamento social e os propósitos da tributação e da vida comunitária.

Tudo se faz possível porque, no sistema jurídico exacional-tributário pátrio, não existe cláusula impeditiva a inviabilizar um subsistema de arrecadação específico, como é o caso da cobrança de contribuição social de ofício, que ocorre no âmbito da Justiça do Trabalho. Reconhece-se, portanto, um subsistema autônomo de cobrança diferente do padrão tributário ordinário, mas que parece melhor responder às vicissitudes da fenomenologia prática, sem descurar de alicerçar-se em proposta de matriz teórico--sistemática de legitimação formal e material.

Capítulo 3

Breves Notas sobre Custeio e Benefício Vinculados às Contribuições Previdenciárias de Competência da Justiça do Trabalho

A tônica deste e dos próximos capítulos é lançar alguns aspectos adstritos à arrecadação das contribuições previdenciárias no âmbito da Justiça do Trabalho. Neles explicitam-se, por vários tópicos, preocupações e considerações polêmicas atreladas à mecânica arrecadatória de contribuição previdenciária na esfera trabalhista, ponderando-se questões processuais; apontamentos definidos em julgamentos, particularmente do Supremo Tribunal Federal (STF), através do Recurso Extraordinário n. 569.056/PA; definição de fato gerador da exação contributiva e consequente regime de cálculo e, por fim, aspectos de prescrição e decadência a esta espécime exacional.

Outra finalidade, ainda que indireta tencionada neste tópico, é o afastamento de distorções que se têm acerca do tema, apontando-se a autarquia previdenciária, a receita federal ou simplesmente o Estado brasileiro como "arbitrários" ou "usurpadores de direitos" de segurados da previdência social, como se tais instituições se prestassem ao descumprimento de normativos e à ofensa aos direitos dos cidadãos.

De maneira direta, podemos simplificar e dizer que a arrecadação das contribuições previdenciárias decorrentes de ações trabalhistas provém de duas situações: dos acordos homologados, cuja incidência de exação se faz por sobre o total ou algumas parcelas das remunerações transacionadas, ou decorrentes de sentenças trabalhistas sobre as quais os juízes fixaram, a partir de elementos de convencimento, as verbas componentes da base de cálculo.

Percebe-se de plano que a natureza da contribuição em si não se modifica. É dizer: as parcelas remuneratórias prestadas pelo trabalhador e elencadas nas leis de custeio e afins (Lei n. 8.212/91, Decreto n. 3.048/99, Instrução Normativa IN MPS/SRP n. 03/2005 e alterações) servirão de base de cálculo e cômputo da contribuição social, tanto por parte do empregado ou prestador autônomo como do empregador ou contratante.

Uma questão muito sensível à justiça especializada é perceber que muitas de suas decisões possuem no âmbito da administração pública um viés de cunho declaratório. Não servindo para, por si, constituir o benefício futuro dos obreiros. Essa questão já revelou pactos, súmulas e interpretações normativas que desgastaram as várias instituições envolvidas. O Instituto Nacional do Seguro Social, a Justiça Trabalhista e, a antiga Secretaria da Receita Previdenciária são alguns dos partícipes dessas fracassadas tentativas de sistematização e busca de maior eficácia às decisões trabalhistas; mormente no reflexo futuro, envolvendo benefícios aos segurados da previdência.

Os açodados — e aqui se incluem inclusive operadores do direito — numa leitura abstrata e duvidosa, já se insuflaram (e continuam a ser insuflar) cogitando de descumprimento judicial e interferência de poderes. Incitam disputas e exsurgem pendências, na verdade sequer existentes, entre instituições do Estado que, ao contrário, trabalham ou possuem finalidades justamente de promover melhorias para coletividade. Por isso, o senso comum, imiscuído neste contexto de dúvida (real e provocada), com dose de razão, profere aos quatro cantos afirmações inconsistentes do tipo: mesmo sendo pago e reconhecido o vínculo trabalhista e previdenciário na Justiça do Trabalho, não poderá o empregado espontaneamente se aposentar no futuro. O INSS vai recusar a decisão como constitutiva de direito e ele (segurado) terá de, novamente, buscar reparo junto à Justiça Federal.

Numa perspectiva lógico-aristotélica ou simplesmente global, não são verdadeiras as assertivas acima. Na realidade, em algumas situações, o segurado obterá da previdência social resposta imediata (administrativa) de seus pleitos previdenciários, dispensando qualquer outro corolário judicial. Noutros, de fato, a assertiva se mostra verdadeira: o segurado não obtém da administração pública amparo direto, recaindo-se tal problema na Justiça Federal para constituição e condenação/mandamento posterior em desfavor da União (INSS), se for o caso de procedência de seus pleitos. O custo social, temporal e econômico desta assistematicidade é manifesta e promove estudos acadêmicos e governamentais no propósito de contornar este embaraço.

Duas indagações naturais que surgem são o *porquê* e *quando* a administração negará os benefícios ao segurado, tencionando, com tais respostas, minimizar a insegurança jurídica e permitir ações (não jurídicas, portanto) de contorno.

Em breve síntese, pode-se antecipar que atualmente a execução de ofício das contribuições sociais pela Justiça Trabalhista e seu posterior efeito benéfico aos trabalhadores-segurados perpassam por um conglomerado bastante complexo de legislações: ora normas coincidentes, ora concorrentes, ora niilistas, ora ainda antitéticas. Os cortes epistemológicos das legislações constitucional, trabalhista e processual trabalhista, da legislação tributária e da legislação previdenciária consubstanciam o presente fenômeno aqui tratado. Ademais, inúmeros atos normativos secundários evoluem na regulamentação e circunvizinham as legislações afetas que possuem, em algumas nuanças, envergadura constitucional. Portanto, normas de toda hierarquia tanto consolidadas quanto heterotópicas, de natureza material ou processual, revestem o caso, tornando a sistematização e uniformização de condutas, a interpretação e a aplicação bastante dificultosas, mormente para um ramo do Judiciário outrora nunca afeto a matérias deste naipe.

Questões ínsitas à índole tutelar da justiça especializada parecem prejudicar também os recolhimentos, à medida que promovem uma pluralidade de interpretações que, literalmente, comprometem a segurança jurídica dos alicerces normativos já naturalmente desvencilhados. Mais, elementos empíricos ou fáticos tornam o juiz laboral um elemento gerencial na lide proposta, conquanto nem sempre se aperceba ou lhe seja possível conciliar ou contornar passivos trabalhistas e previdenciários sobremodo sonegados. E o juiz se vê diante de uma encruzilhada insolúvel num contexto de realização. Quero dizer: é fato que, em inúmeras situações, o juiz entende impossível solver todas as dívidas afetas. Talvez, por isso, desatenda aos ditames mediatos ou previdenciários, desnaturando a contribuição social que se configura uma exação *sui generis* (usualmente vista como tributo) em função de possuir "autonomia", "intransigibilidade", "publicidade", entre outros atributos indispensáveis, conquanto, ainda assim, diante do contexto socioeconômico, termina relegado a segundo plano.

Elementos acessórios, embora indispensáveis à arrecadação da contribuição previdenciária, também costumam ser negligenciados na esfera processual trabalhista, impossibilitando a administração pública, no futuro, de efetuar a conferência dos importes transferidos a título de contribuição social; quando tais créditos sequer possuem rastro identificado entre contribuintes, beneficiados e/ou o respectivo motivo dos recolhimentos efetuados. A obrigação tributária, muitas vezes, quando se perfaz corretamente não obedece aos ditames complementares.

Outros fatores de impedimento ou embargo à automação do custeio — na seara judicial trabalhista e concessão de benefício ao segurado na via administrativa — são as parcelas discriminadas, nem sempre condizentes com a realidade do labor prestado e, principalmente, os critérios de cálculos utilizados para implante de atualização, juros ou multas das contribuições previdenciárias. Isso porque métodos anacrônicos de cálculos e, naturalmente, persistentes, ainda são utilizados em inúmeras varas trabalhistas — decerto, fruto de elementos históricos os quais, a bem da verdade, nos primórdios da implantação da execução da contribuição social pela Justiça do Trabalho, foram fundamentais aos ditames imediatistas na vigência da Lei n. 10.035/00 — que, entretanto, na atualidade, não mais correspondem aos ditames normativos, muito menos, às necessidades ou aos anseios estatais, conformando, ao contrário, desafortunadamente, o que foi solução momentânea entrave permanente. Os mais conservadores não se aperceberam tratar-se o critério de arrecadação pontual, submetido ao "regime de caixa" e balizado na "sentença de liquidação", como marco inicial, há época, por exemplo, tão somente, de mais uma etapa na concatenação da execução de ofício operada pela Justiça Trabalhista; e não sistema integral, definitivo ou correto de representação do fenômeno arrecadatório-exacional na espécie.

Note-se ainda que, se por um lado a justiça obreira é sobremodo eficaz na execução dos créditos previdenciários, especialmente em função da celeridade e objetividade executiva; noutro diapasão, ela é tipicamente vista como inapropriada a tal mister, sobretudo quando se verifica ser passível de servir como instrumento legitimador de conluios, fraudes, sonegações e distorções tributárias. Referimo-nos às dificuldades em unir custeio e benefício previdenciários para situações de provas meramente testemunhais, ausência de indícios de provas materiais que demonstrem a realização do trabalho, sobretudo nos acordos e as revelias processuais. Essas hipóteses revelam sensibilidades institucionais, mas que merecem ser frisadas, visando ao fomento aperfeiçoador do sistema arrecadatório, na busca de alternativas viabilizadoras e corretoras de imperfeições inatas.

Em apanhado, portanto, ressalte-se: (a) falhas no montante depositado (quantitativo ou qualitativamente) como se explicou acima; (b) ocorrência de distorções fático--comprobatórias (exo e endo)processuais — a despeito de declaradas válidas na seara trabalhista; (c) não obediência estrita a todas as legislações aplicáveis simultaneamente (seara constitucional, processual, tributária e previdenciária) são, quaisquer delas, hipóteses ilustrativas de possíveis requerimentos administrativos futuros fadados à inadmissibilidade ou à insuficiência de garantia na alçada administrativa junto à Secretaria da Receita Federal do Brasil (gestora do fundo previdenciário pela Lei n. 11.457/07) ou ao Instituto Nacional do Seguro Social, gerando indeferimento ou sonegação de benefícios a quem porventura lhe(s) faça jus (segurado ou dependente).

Esses entraves pragmáticos são, em bom aspecto, naturais, em face do modelo e *modus operandi* improvisados e implantados com a Lei n. 10.035/00. O aperfeiçoamento do sistema, até que se perfaça, promoverá, em maior e menor grau, distorção e injustiça, protegendo o mau pagador, o recalcitrante, o litigante contumaz. Isso porque tornar litigiosa e adiada a dívida passou a representar vantagem econômica.

Outro efeito negativo subsequente é a tendência ao engendramento multiplicador (astronômico) de ações judiciais na especializada, à medida que se torna mais "vantajoso" procrastinar o pagamento (sem juros ou multas, senão após toda delonga judicial), impedindo, concomitantemente, na prática, concessão futura de benefícios ao hipossuficiente — real prejudicado pela eventual e equivocada opção julgadora.

Como se sabe, os prolegômenos da exação são incisivos: fato gerador, base de cálculo e alíquota, elementos de exação são, *de per si*, intransigíveis e dispensam maiores pormenorizações. A execução da contribuição social possui uma marca ainda pouco discutida: a da autonomia do crédito trabalhista, mantendo com este apenas cunho processual incidental e vinculação material reflexa diante das espécies ou parcelas efetivamente prestadas, quando do exercício do labor (hipótese de incidência e base de cálculo de exação).

Da mesma sorte, quando existe vínculo empregatício reconhecido em carteira de trabalho e previdência social, num processo trabalhista, deve ocorrer automática execução da contribuição social incidente sobre todo o período clandestino reconhecido (assinado), inseridos ainda os juros e multas desde a prestação do labor — fato gerador do tributo, conforme o art. 876 da CLT (alterado pela Lei n. 11.457/07). Dívida principal e acréscimos indispensáveis, embora ainda nem sempre computados e que atingem também os processos em curso porque, como se trata de alteração legal de índole processual, sua retroação é automática.

Em mais um pretexto vulgar e enumerativo frise-se: qualquer acordo é incapaz de alterar a base de cálculo de tributação que possui autonomia, vinculação e decorre de lei.

Deve-se, por conseguinte, entender que o sistema previdenciário pátrio se estrutura apoiado no alicerce sinalagmático: fonte de custeio (contributividade) de um lado e, de outro, proporcionalmente, benefícios ou contraprestação de serviços aos vinculados. Qualquer ruptura nesta sistemática, por conseguinte, promove descompasso aritmético grave no fundo previdenciário, prejudicando, sempre, em última instância, seja administrativa ou judicialmente, o hipossuficiente — sujeito de tutela e fundamento maior, inclusive, da justiça especializada e tornando, na prática, em ocorrendo tal discrepância, com que decisões proferidas pelos juízos trabalhistas sejam meramente declaratórias. Assumir postura diversa é alimentar a insidiosidade de maus empreendedores, remetendo ou transferindo responsabilidades indistintas ao Poder Público, que significa, em última razão, repartir tais ônus entre todos da sociedade que sequer tiveram qualquer assunção, participação ou vantagem nos acontecimentos jurídico-econômicos, fragilizando, em contramão, toda lógica do ordenamento jurídico e fornindo malversadores de toda ordem.

Capítulo 4

A Dinâmica do (Sub)Sistema Exacional Previdenciário Trabalhista: Aspectos Práticos

4.1. Tópicos polêmicos da cobrança de contribuição social pela Justiça do Trabalho

4.1.1. Introdução

Procura-se, nesta oportunidade, trazer tanto indagações quanto propostas, ainda que propedêuticas, relativamente ao procedimento de cobrança ou arrecadação de contribuição social realizada pela Justiça do Trabalho advindo de reclamatória e consignatória trabalhista.

Na realidade, não se promoveu (nem se pretendeu fazê-lo) qualquer exaurimento do tema, ainda que setorial. O corte epistemológico não se perfez de modo aleatório, também não foi cientificamente balizado; originou-se, porém, da experiência prática. Partindo-se de um eixo de três questões de fundo prático, escolhido por merecer destaque em face da incidência e da recorrência, desenvolveu-se a obra, neste particular.

Vários questionamentos são levantados e, concomitantemente, algumas das principais doutrinas e justificativas situadas, a saber: qual a legislação processual a ser aplicada pela Justiça do Trabalho em pontuações atreladas às execuções de contribuições sociais? Qual a posição tecnoprocessual da União (Secretaria da Receita Federal do Brasil), outrora ocupada diretamente pela autarquia previdenciária (INSS), mudança decorrente da dicção da Lei n. 11.457/07, e respectivas consequências? E, ainda, qual a natureza jurídica da sentença e/ou acordo trabalhista no "tópico de sentença"[44] da cobrança de contribuição social?

---

[44] A expressão utilizada ("tópicos de sentença") em boa medida sugere a lição de Cândido Rangel Dinamarco na obra: *Capítulos de sentença*. 2. ed. São Paulo: Malheiros, 2006. p. 42 — quando setoriza diferentes elementos conformadores da sentença, dando-se-lhes, em função de abordarem assuntos ou tópicos diversos, relativa autonomia e consequências também diversas, podendo revelar no decisório judicial; portanto, cada "capítulo", preceitos próprios e desvinculados ou, ainda, na expressão do autor: unidades autônomas da sentença.

Desta feita, como se depreende do contexto, a partir de "epicentros da experiência", são descortinadas questões polêmicas, sobretudo de fundo processual, arraigadas ao procedimento de cobrança acima pontuado, que carecem de estudo e aprofundamento doutrinário, servindo-se o texto como elemento revelador e impulsionador de subsequentes incursões científicas a fim de melhor enfrentar, abalizar e, porventura, unificar ou pacificar o tema.

Pleonástico, por manifestamente sensível, dizer que a repercussão prática de um tema recorrente de exação é mais que importante para conferir senso de segurança jurídica entre os jurisdicionados; justeza das decisões e execuções promovidas pelo Estado; arregimento prático do custeio da previdência pública; além de implicações reflexas indissociáveis, tais como: inibição (ou não) de concorrência desleal entre empresas; inadimplemento intencional de empregadores em função de vantagens práticas, decorrentes da morosidade da identificação e cobrança dos créditos previdenciários e, subsequentemente, promoção multiplicada de lides intencionais; sufocando, desta feita, todo o sistema judicial, causando enormes prejuízos ao Estado e, sobretudo, aos hipossuficientes.

4.1.2. Polêmica da legislação aplicável

Um embaraço processual natural, a partir da edição da EC n. 20/98 (art.114, § 3º) e legislação ordinária subsequente, foi enfrentar de modo balizado, coerente e unitário o problema da identificação da legislação processual a ser aplicada perante a Justiça do Trabalho nas questões relacionadas às execuções das contribuições sociais. Noutros termos, dever-se-ia seguir especificamente o rito da matéria afeta e, portanto, a lei de execução fiscal, isto é, a Lei n. 6.830/80? Seria correto, diferentemente, optar pela dicção da rotina geral empregada na relação jurídico-trabalhista (processo trabalhista) e originadora da repercussão "tributária"; noutras palavras, utilizar-se dos ditames da Consolidação das Leis Trabalhistas? Ou, por fim, seria mais indicado usar a legislação dita complementar e basilar constante do Código de Processo Civil?

Assim rezava, na ocasião, a Constituição da República Federativa do Brasil:

> CR/88 – Art. 114. Compete à Justiça do Trabalho conciliar e julgar os dissídios individuais e coletivos entre trabalhadores e empregadores, abrangidos os entes de direito público externo e da administração pública direta e indireta dos Municípios, do Distrito Federal, dos Estados e da União, e, na forma da lei, outras controvérsias decorrentes da relação de trabalho, bem como os litígios que tenham origem no cumprimento de suas próprias sentenças, inclusive coletivas.
>
> (sic)
>
> § 3º Compete ainda à Justiça do Trabalho executar, de ofício, as contribuições sociais previstas no art. 195, I, a, e II, e seus acréscimos legais, decorrentes das sentenças que proferir. (Incluído pela Emenda Constitucional n. 20, de 1998)

Com a Emenda Constitucional de reforma do Judiciário, chegou-se a seguinte redação:

> CR/88 – Art. 114. Compete à Justiça do Trabalho processar e julgar: (Redação dada pela Emenda Constitucional n. 45, de 2004)
>
> (sic)

VIII – a execução, de ofício, das contribuições sociais previstas no art. 195, I, a , e II, e seus acréscimos legais, decorrentes das sentenças que proferir; (Incluído pela Emenda Constitucional n. 45, de 2004).

Neste contexto, formaram-se basicamente duas linhas doutrinárias: uma na defesa do manejo da lei de execução fiscal e outra, entendendo aplicável o uso da CLT e, subsidiariamente, do CPC.

A primeira corrente (de defesa de que seria manejável a Lei n. 6.830/80 ou Lei de Execução Fiscal) se sustentava, em síntese, pelos seguintes motivos: a competência se determina pela matéria e pelo objeto da execução, além de ser a norma aplicável à dívida ativa dos entes públicos. Adotavam esta postura autores como Carlos Alberto Pereira de Castro, João Batista Lazarri, Alexandre Nery de Oliveira, entre outros.

Já para a outra facção doutrinária, o correto seria a aplicação da CLT e, subsidiariamente, do CPC. Baseavam-se nesta compreensão, por entender que a execução da contribuição social realizada pela Justiça do Trabalho não possuía apoio em Certidão de Dívida Ativa, mas em sentenças (título executivo judicial); também por razões de fundo prático, como reconhecimento de verdadeiro tumulto processual causado pela inserção de ritos paralelos no processo executivo de base trabalhista, mormente em face da confusão legislativa e procedimental, além da verdadeira inoquidade do rito especial criado.

A discussão esvaziou-se no momento em que a Lei n. 10.035/00 alterou a CLT, adaptando-a à execução previdenciária na órbita da Justiça do Trabalho. Isso, porém, não foi suficiente para gerar pacificação e unidade desta modalidade de arrecadação em todos os seus aspectos.

No nosso entender, resta despiciente investigar, acadêmica e exaurientemente, a receptividade do procedimento executivo de ofício das contribuições sociais nos moldes hoje realizados pela Justiça do Trabalho. Porque, tomadas como modalidades exacionais especiais, as contribuições sociais se submetem a particularidades e abrandamentos que se subsumem ao regime arrecadatório implantado sem ofensa sistemática ou constitucional. Entenda-se: em se tratando a contribuição social de elemento à parte (não propriamente tributário), afasta-se por completo a eventual inconstitucionalidade da lei ordinária utilizada como meio sistematizador (paralelo) de procedimentalização de execução tributária — e de tantas outras normas hoje a ela agregadas como, ilustrativamente, a Lei n. 11.457/07, a Lei n. 11.488/07 ou a Lei n. 11.941/09.

De qualquer sorte, entretanto, não se cogita até a presente data qualquer inconstitucionalidade substancial ou manifesta de leis desta natureza, mesmo na óptica de estrita tributação, o que retrata inconsistência orgânica ao ordenamento, embora nos permita evoluir na discussão da adaptabilidade (pelo menos pragmaticamente falando), reconhecendo-se a opção dogmática cristalizada e encampada pela segunda corrente ou posição doutrinária outrora explicada.

As inserções legais sucessivamente acrescidas, expressando a procedimentalização da "execução de ofício", incrementaram não somente a competência do juiz do trabalho como serviram para manter a aplicação da cobrança de contribuição previdenciária através da legislação processual, por assim dizer, trabalhista (taxonomicamente falando). Criou-se, paulatinamente, a partir de então, um feixe normativo-procedimental heterotópico e particular de cobrança exacional.

Art. 1º A Consolidação das Leis do Trabalho – CLT, aprovada pelo Decreto-lei n. 5.452, de 1º de maio de 1943, passa a vigorar com as seguintes alterações:

> Art. 876 (...)
>
> Parágrafo único. Serão executados *ex officio* os créditos previdenciários devidos em decorrência de decisão proferida pelos Juízes e Tribunais do Trabalho, resultantes de condenação ou homologação de acordo. (acrescentado pela Lei n. 10.035/00);
>
> Parágrafo único. Serão executadas *ex officio* as contribuições sociais devidas em decorrência de decisão proferida pelos Juízes e Tribunais do Trabalho, resultantes de condenação ou homologação de acordo, inclusive sobre os salários pagos durante o período contratual reconhecido. (Alterado pela Lei n. 11.457-2007).

4.1.3. Do difícil enquadramento processual da União no rito de cobrança de contribuição social na esfera trabalhista e da natureza jurídica mista da decisão final trabalhista

Se é verdade que a opção dogmático-arrecadatória contida na Lei n. 10.035/00 implicou imediatos avanços — com aumento de arrecadação e simplificações operacionais — noutra via, trouxe consequências, ou, pelo menos, indagações de fundo jurídico complexas e não totalmente superadas.

Citamos, por exemplo, a dificuldade em se fixar a posição processual da União, outrora ocupada pelo Instituto Nacional do Seguro Social, antes da Lei n. 11.457/07 — norma de conteúdo procedimental e competencial também discutível quanto à validade jurídica; não obstante, aqui omitidos questionamentos ínsitos ao caso em face de, pelo menos, dois motivos: a necessidade de harmonização arrecadatória imediata e a inexistência de ações de inconstitucionalidade suficientes a justificar o aprofundamento neste texto, ainda parcial e panorâmico; circunstâncias tais que, por si só, conferem a manutenção da presunção de legalidade das leis.

Voltando, todavia, à indagação sequencial, precisamos delimitar a posição processual da União (SRFB) dentro do novo rito processual previdenciário-trabalhista: seria ela propriamente uma parte, um terceiro interessado, um *custos legis*, um *amicus curiae* ou espécime *sui generis*?

Como podemos harmonizar o papel da União em, exemplificativamente, ocupar processualmente a posição institucional de "parte", quando possui capacidade de recorrer, de influenciar sobre parcelas incidentes do crédito, dos critérios de contas utilizadas, etc; mas não participa necessariamente da fase cognitiva; ao contrário, muitas vezes, somente ingressa na fase de execução do julgado?

Análogo complicador optar pela posição de "litisconsorte necessário" porque, de plano, com este enquadramento se deteriora o objetivo nuclear e inovador do procedimento construído, qual seja: o de simplificar e promover aumento de eficácia do mecanismo arrecadatório, tornando com a postura litisconsorcial sobremodo plural e prolixa a fase cognitiva, em função da promoção de insensata delonga processual, pluralizando subjetivamente a relação jurídica; aumentando, pois, sua complexidade, aliado à prerrogativa processual do ente público, sem auferir vantagem significativa com tal mecanismo. Ademais, corolários outros sérios advêm deste enquadramento. Ilustrativamente: o que aconteceria nas situações nas quais o empregado teve contra si um julgado de improcedência no seu pleito de reclamatória trabalhista, sendo até condenado por litigância de má-fé; em hipóteses tais, seria a União (SRFB) condenada em custas e honorários?

Admitir o papel do "terceiro interessado" para União seria também reconhecer a existência dessa figura processual exclusivamente na fase executiva. Ademais, não seria minimizar a real posição da União em mero "interessado", mesmo em se tornando a credora de valores a serem recebidos na esfera judicial? Parece inconciliável tal categorização para autores, como Guilherme Feliciano[45], que defende que a União é verdadeiramente "credora", com base no art. 566, I do CPC e, portanto, "parte" porque titular de relação jurídica, enquanto naquele instituto detivesse mero interesse de intervir, consoante o art. 499, § 1º do CPC.

A discussão ou a problematização do caso, aqui estampado, se mostra indispensável. Para descortinar a posição da União na lide, tentaremos extrair a natureza da relação jurídico-processual e de cunho material que envolve a situação de execuções decorrentes de sentenças trabalhistas para fugirmos de teses de ilegalidade ou inconstitucionalidade.

O fato é que a decisão, ou melhor ainda, o "tópico de sentença" (na parte previdenciária) não possui índole jurisdicional típica, mas natureza administrativa vinculada (agente fiscal). Nem se surpreendam os operadores do direito acerca da afirmação da existência de um tópico de sentença administrativo; afinal de contas, praticamente toda decisão judicial é conformada por parte jurisdicional típica e parcela não jurisdicional típica ou de índole administrativo-fiscal. Vários são os casos de jurisdição voluntária que impõem obrigações na própria Justiça do Trabalho (por exemplo: homologação de demissão de empregado estável, conforme art. 492 da CLT ou atribuição judicial mais aproximada ainda na parte sentencial relativa à cobrança de custas judiciais). Nesta perspectiva, a condenação ao pagamento de contribuições sociais seria uma decorrência lógica da condenação ao adimplemento de valores rescisórios ou anotação/retificação de CTPS, agindo o juiz, nessas hipóteses, como verdadeiro agente fiscal, ao fazer incidir as contribuições sociais sobre o *quantum* devido ao empregado. Como se vê, não se trata a fase executiva das contribuições sociais um simples prolongamento

---

(45) FELICIANO, Guilherme Guimarães. Emenda Constitucional n. 20/98 — execuções de contribuições previdenciárias na Justiça do Trabalho. O Neófito — Informativo Jurídico. Disponível em: <http://www.neofito.com.br/artigos/art01/trab39.htm> Acesso em: 7 jan. 2009.

da relação jurídico-processual-trabalhista, mas forma endoprocessual coligada, de natureza administrativo-judicial de fixação e cobrança de contribuição social, imbricada à condenação e/ou declaração sentencial/homologatória trabalhista. E isso só é perfeitamente admitido em função da natureza jurídica especial da contribuição social que permite, em função da complexidade fenomenológica associada a um sistema jurídico diferenciado, responder de modo harmônico e eficaz às vicissitudes do cotidiano.

Segundo Edilton Meireles[46], ocorreria uma atuação anômala de cunho administrativo do Juiz do Trabalho, ao exigir um tributo, fruto de um fato gerador atrelado a uma relação trabalhista reconhecida, fixado (quantificado) e "lançado" através da sentença (trabalhista) condenatória ou pela formalização de um acordo homologado. A natureza da decisão — repita-se — é equivalente àquela que condena o vencido a pagar custas processuais. E já compõe um título executivo administrativo equiparado à certidão de dívida ativa.

Por óbvio, já se inicia a formulação de uma construção doutrinária que compactuamos e desenvolvemos, tencionando encampar a viabilização de tal procedimentalização executiva. Note-se que entre a execução padrão (ou *standard*) de tributos em geral, utilizando-se da lei de execução fiscal, impulsionada pelas Certidões de Dívidas Ativas e a nova ideia outorgada de execução de ofício pela Justiça do Trabalho 3 amparada, entre outros, pela CR/88, art. 114, pelas Leis ns. 8.212/91, 10.035/00, 11.457/07, 11.488/07 e 11.941/09, além de toda legislação secundária — podemos reconhecer similitudes e construir, ao menos teórica e mentalmente, uma analogia ao instituto do "lançamento tributário", correlacionando ambos os procedimentos arrecadatórios, embora constituam, ontologicamente, entes distintos, apesar da majoritária contrariedade doutrinária e jurisprudencial.

Entendido seja o "lançamento exacional" como procedimento administrativo tendente a verificar a ocorrência do fato gerador da obrigação correspondente, a cingir a matéria exacionável, a permitir o cálculo do montante devido, a identificar os sujeitos passivos e, se for o caso, a propor as penalidades cabíveis (cf. art. 142 do CTN). Instituto que, no procedimento (padrão), se instrumentaliza pela inscrição que conforma a "Certidão de Dívida Ativa" (título extrajudicial); enquanto no procedimento atípico de arrecadação realizado pela Justiça Trabalhista, numa espécie de relação biunívoca, correspondente à própria construção da sentença cognitiva (constituindo o título executivo), ou mais precisamente ainda, com o próprio "tópico de sentença" previdenciário. Esse, por sinal, se mostra apenas como um dos papéis administrativos da decisão trabalhista, conquanto possa ser o mais acentuado. Não há que se confundir as morfologias dos procedimentos descritos, açodadamente afirmando, por exemplo, tratar-se de criação ou majoração de tributos por analogia, o que não é o caso. Até porque nem de tributo integralmente se trate.

---

(46) MEIRELES, Edilton. *Temas da execução trabalhista*. São Paulo: LTr, 1998. p. 86-89.

Em síntese: o procedimento é não jurisdicional típico, mas também administrativo vinculado. O problema ainda remanescente é como compatibilizar objetiva e doutrinariamente os papéis da União no processo e de suas atuações junto às do magistrado? Seria mais adequado admitir, na lide, a União ocupar um papel de auxiliar do juízo à medida que o juiz, no particular, é agente da própria União? Essa convivência de elementos administrativos e jurisdicionais no processo trabalhista é que carece de uma discriminação científica. Seria admissível, não somente dogmaticamente, a existência endoprocessual desse procedimento acentuadamente misto, configurado por atuações administrativas do juiz e concorrentes medidas processuais de acompanhamento e defesa da União contra atos jurisdicionais deste mesmo magistrado, operadas pela Advocacia Geral da União (Procuradoria Geral Federal), representante da União, em tais ações? Podemos em absoluto dizer tratar-se de etapa análoga àquela realizada pelo julgador na cobrança de custas processuais? São essas atipicidades e complexidades que demonstram a importância de se reconhecer e estabelecer a natureza jurídica da contribuição social a justificar a exação atípica que se legaliza. E naturalmente se prolonga às questões processuais. Motivo que faz com que a União possua papel também intricado de intensidade flutuante e circunstancial que varia continuamente no plexo fenomenológico.

4.1.4. Das conclusões preliminares e das indagações remanescentes

A primeira indagação aparentemente superada é se temos um título executivo judicial ou extrajudicial na circunstância em que a União sequer participou do processo de conhecimento instituidor da futura cobrança.

Como se preconizou acima, em face do caráter hídrido e segmentado da decisão judicial, dúvidas não mais existem e as sentenças e/ou acordos possuem determinação ou tópico tanto de cunho jurisdicional (típico) trabalhista, como, pontualmente, exacional e previdenciário (mistos): jurisdicional e administrativo, tornando o juiz, neste último caso, atipicamente, além de julgador, um agente do Estado, espécie de lançador de exações.

Pontual e genericamente se revela a execução de ofício *sui generis* fundada em título judicial porque há necessidade de o juiz firmar ou indicar nas suas decisões as parcelas a serem pagas, estabelecendo, inclusive, a responsabilidade de cada parte no recolhimento da contribuição devida. Note-se a imprescindibilidade também da especificação das incidências. Além da ligação ou pertencimento mesmo do débito/crédito previdenciário à própria sentença judicial. É ela que impõe constituição do crédito exacional.

Outro ponto até aqui não enfrentado, pelo menos diretamente, em decorrência da conclusão esposada, seria responder se a legislação exacional-tributária foi ofendida em função da substituição implícita de agentes, acumulando ao juiz responsabilidades fiscais e jurisdicionais, necessárias à cobrança de "tributo". Antecipamos que, ao menos na nossa visão, tal realidade se mostra possível na medida em que existe incorporação do contexto tributário, mas sem dissociar, concomitantemente, de particularidades e diferenciações que às vezes a intensifica; outras, a difere dos ditames da tributação, mas não distorce, senão revela a especificidade da contribuição social e do regime de cobrança e repercussões de cunho processual.

A conformação da decisão final trabalhista, no "tópico sentencial-previdenciário", é ato de ofício (lançamento de exação *ex lege*): espécie de "lançamento", constituinte do crédito exacional e conformador de título executivo judicial, com efeito correspondente a uma Certidão de Dívida Ativa a merecer, contudo, execução com base em normas procedimentais específicas e apartadas, mantendo-se a prevenção e autoexecutoriedade do Juízo.

Não se reconhecer no "tópico de sentença exacional-previdenciário" nenhum tipo de título, judicial ou extrajudicial, em virtude dos embaraços já debatidos — ou por não se admitir a existência de lide nem procedimento administrativo típicos a justificar referidas execuções é, no nosso sentir, optar-se por uma interpretação unitária e absoluta na qual a procedimentalização da cobrança de contribuição social, através de comandos administrativo-sentenciais, presumiriam ausência de dialética (contraditório) na sua construção — o que não é verdadeiro. Ou por formalização e imposição de ditames tipicamente tributários — o que não é a hipótese. Por isso defendemos a operatividade da arrecadação trabalhista que se reveste com força de título executivo de contribuições sociais as quais, neste contexto, podem ser instituídas não apenas por execuções fundadas em CDAs, mas também pelo próprio *decisium* trabalhista definitivo — seja ele homologatório, conformando verdadeiro reconhecimento de dívida ou ordenatório (sentença).

Devemos minimizar os "preciosismos formais" e afastar o entendimento superado de interpretação literal, vislumbrando infração ou extrapolação aos arts. 584 e 585 do CPC, não enxergando, destarte, nessa compreensão compositiva mera subversão ao "rito processual-tributário", contido no CTN e na Lei n. 6.830/80. Pelo menos por hora, como se pretendeu mostrar, a "sentença trabalhista" e a atuação *ex officio* do juiz trabalhista são meios aptos e suficientes para constituição e cobrança do crédito exacional-previdenciário, substituindo a regra geral e conformando um meio específico para tal fim. Até porque não são as contribuições sociais autênticos tributos, apesar das ressalvas doutrinárias atuais, o que admite a pertinência ou caracterização de identidade sistemática exacional autônoma.

Por isso não pactuamos com a percepção de Ary Fausto Maia[47] que em sentido oposto declara, *in verbis*:

> (...) também é indispensável à instauração do procedimento administrativo tributário, com a notificação do contribuinte para pagar ou impugnar o suposto crédito, lhe sendo assegurada a ampla defesa e o exercício do contraditório.

---

(47) MAIA, Ary Fausto. A inaplicabilidade da competência para a execução trabalhista das contribuições previdenciárias. *Revista LTr*, São Paulo, v. 64, n. 7, p. 878-884, jul. 2000.

(...) Por outro lado, a execução judicial de tributos exige título próprio, de natureza extrajudicial, decorrente da regular inscrição do crédito tributário definitivamente constituído como lançamento irrecorrível na esfera administrativa, devendo ser realizada segundo os preceitos especiais da lei de execução fiscal, incompatíveis com as regras da execução trabalhista.

Haverá com a incorporação do procedimento de execução de ofício incapacidade do contribuinte comprovar vícios ou realizar sua defesa em moldes amplos? A resposta é não. É exatamente na esfera judicial onde o contraditório e a dialética mais se evidenciam. A posição defendida pelo citado jurista, por conseguinte, significa, de plano, romper com o subsistema arrecadatório de contribuição social advinda das relações trabalhistas — cuja natureza, em muitos casos, inclusive, se aproxima da fraude ou crime por intencional negação de direitos básicos constitucionais de hipossuficientes — negando o § 3º, art. 114 da CR/88; a Lei n. 10.035/00; a Lei n. 11.457/07; a Lei n. 11.488/07; em parte a própria Lei n. 8.212/91 e tantas normas secundárias adstritas.

Em termos práticos, é quase inviabilizar a cobrança exacional da Justiça do Trabalho. E, a contrário senso, retroceder na competência ampliada daquela especializada, gerando, a pretexto de segurança jurídica (formal) mais insegurança numa pendularidade ou instabilidade de relações que só favorece o sonegador. Os efeitos sobre os hipossuficientes e o Estado são gravosíssimos e retrocedem na possibilidade de utilização de uma mecânica bem mais objetiva. Ademais, só se justificam porque impõem às contribuições sociais natureza de tributo típico, desnaturando-as como instituto específico e criando impossibilidades sistemáticas e ordenatórias na verdade meramente degeneradoras da complexidade da sociedade.

A questão cerne a ser pacificada é definir se a atribuição de constituição ou cobrança exacional, de modo amplo e em todas as situações, é exclusiva. Se existe ou não fixação Constitucional que impeça ou afaste qualquer regramento de leis inferiores, seja por argumento de superioridade, seja de especialidade. Se não é possível e indicado perfazer-se uma interpretação conforme a Constituição, garantindo a maior efetividade à cobrança da exação previdenciária, entendendo, por exemplo, que se trata de título executivo administrativo (*sui generis*) e constituído pelo Poder Judiciário num procedimento complexo e de índole híbrida ou não exclusivamente jurisdicional, ou se seria necessário e incontornável cientificamente a verdadeira extravagância ou diletantismo — mormente num País cuja desigualdade de renda aponta entre as mais críticas do mundo; cujo sistema exacional-tributário denota astronômica evasão e sonegação fiscais e cuja Carta Magna eleva justo a duração razoável do processo como um de seus pilares — de se negar o aproveitamento de toda dialética do processo trabalhista base, na qual o inicialmente "reclamado" pode se manifestar, em inúmeras oportunidades, na conformidade da dinâmica processual clássica, trazendo suas razões, seus argumentos e suas provas no intuito de se desvencilhar das responsabilidades contra si impingidas — e, somente nas eventuais hipóteses de descumprimento reconhecido por ele (em transações ou acordos) ou condenação judicial transitada em julgado, por certo, efetivamente pautada na ampla defesa, no contraditório, no devido processo legal e na persuasão racional e motivada virá a se transformar num devedor. Ao que parece, razões científico-processuais existem a justificar a insistência deste regime caracterizador do título executivo previdenciário na Justiça do Trabalho. Autores como Edilton Meireles[48], em trabalhos recentes, por exemplo, vêm encontrando contorno para tal problemática. Reconhece-se que a EC n. 20/98 ampliou definitivamente a competência da Justiça do Trabalho ao acrescentar-lhe incumbência da execução de ofício das contribuições sociais previstas no art. 195, I, a, e II, e seus acréscimos legais, decorrentes das sentenças que proferir. Aliás, com a EC n. 45/04, este dispositivo foi deslocado para o inciso VIII do art. 114 da Carta Republicana. Os dispositivos constitucionais regulatórios, porém, não explicitaram qual seria o título executivo da execução.

Sabe-se, por outro lado, que a lei de custeio imputa ao Juízo indicar a natureza jurídica das parcelas da condenação ou acordo, apontando responsabilidade, inclusive sobre quais limites incidem as contribuições previdenciárias em relação às partes na ação trabalhista. Isso significa dizer que o legislador, indiretamente, com este procedimento, estampou novo título executivo.

No pormenor, algumas particularidades ou distinções ritualísticas são comuns no processo do trabalho. Profere-se uma decisão jurisdicional, condenando pagamento de parcelas ou homologando conciliação. Nesta situação, tem-se a criação de legítimo título executivo judicial. Com essa decisão, após indicação das rubricas de incidência de contribuição social e discriminação dos responsáveis pelo recolhimento previdenciário, exsurge o crédito em favor do INSS. Como a autarquia previdenciária, hoje União, a partir da Lei n. 11.457/07, sequer foi parte na ação, não se tem decisão jurisdicional típica a seu favor, mas atípica, decorrente ou administrativa. Similar ao procedimento dos fiscais da Receita Federal que lançam o crédito para posterior registro na dívida ativa e extração de certidão respectiva.

E isso se subdivide, a depender da qualidade sentencial, em duas posições:

a) sentença de conhecimento líquida: nela já existem identificação do fato gerador obrigacional, delimitação da matéria exacional, cálculo do montante devido e identificação dos sujeitos passivos e, sendo o caso, estabelecimento da sanção cabível, preenchendo os requisitos do art. 142 do CTN. Não há, todavia, obediência aos ditames do procedimento administrativo de lançamento padrão, previsto no mesmo artigo. Não existe também, a depender da hipótese, coisa julgada material propriamente, porquanto inaplicável a todos os sujeitos processuais e exacionais. A não ser se houver participação de todos eles, particularmente a União, o que inegavelmente refrearia ou obstaculizaria em boa parte a celeridade do processo laboral. Com isso, queremos dizer que se a União não teve chance de participar do feito cognitivo, terá oportunidade postergada de modo amplo e

---

(48) MEIRELLES, Edilton. Título executivo, fato gerador, decadência e prescrição previdenciária na Justiça do Trabalho. *Revista de Direito do Trabalho*, São Paulo, RT, p. 87-101, 2009.

exclusivo na etapa executiva. Acaso já se lhe tenha sido dada possibilidade de atuar processualmente no feito, terá reduzido seu espectro material de abordagem/defesa nas etapas executivas: impugnação de cálculos e embargos de execução. Uma interpretação conforme a Constituição Federal, salvaguardando, portanto, a compatibilidade do procedimento utilizado, parece extrair dos normativos constitucionais e do julgado do STF no Recurso Extraordinário n. 569.056/PA o entendimento de que a Carta Magna pretendeu garantir à Justiça do Trabalho iniciar e conduzir a execução das contribuições sociais sem lançamento típico, sem inscrição em dívida e sem ajuizamento de ação executiva. E a atipicidade ou eliminação de diversas fases da constituição do crédito exacional está respaldada na própria Constituição da República, tendo-se convertido no processo legal vigente. Trata-se de outra mitigação à sistemática tributária *standard*.

b) sentença de conhecimento ilíquida: neste caso, ainda não existem condições mínimas a constituir qualquer título exacional. Carece de liquidez, certeza ou exigibilidade. Aqui, ocorre mero respaldo ou potencialidade tendente à deflagração da constituição do futuro crédito a ser consubstanciado na liquidação. O entendimento, em síntese, é que a sentença de conhecimento líquida é título executivo misto (judicial e extrajudicial), pois proferido num processo judicial, embora sem participação do credor. Para as ilíquidas se transfere ao rito de liquidação oportunização às partes impugnarem rubricas, critérios de cálculos e valores sob pena de preclusão. A depender das matérias previamente debatidas e acertadas existirá maior ou menor fase instrutiva, o mais das vezes, apenas considerações contábeis de delimitação da dívida. Decidida a circunscrição da dívida previdenciária, tem-se formada a relação processual constitutiva do título executivo. E é na liquidação de sentença trabalhista que se discute, com respeito à ampla defesa, a existência, a quantificação e o alcance do débito previdenciário. Questões como alíquotas incidentes a título de exação previdenciária, conformação de salário de contribuição ou natureza de parcelas estruturam a procedimentalização. Algo semelhante a uma ação de cobrança, circunstância na qual, após estabelecida, sequenciará os ritos executivos ou de cobrança.

Exatamente, nesta seara, verificamos que a imposição de determinação processual ou material-tributária, no sentido de que haja "constituição do crédito exacional" somente pela inscrição em dívida ativa — o que, no caso, implica inscrição de uma sentença trabalhista transitada em julgado, para se poder viabilizar, seguidamente, a propositura de ação executiva na Justiça Federal pela procuradoria da União, desta vez, não mais pela Procuradoria Geral Federal (PGF-AGU), mas pela Procuradoria Geral da Fazenda Nacional (PGFN-AGU) a quem competirá acompanhar a cobrança de tais títulos; evidenciado, embora, a oneração dupla ou tripla do Estado que será, nesta perspectiva, obrigado por uma sistemática jurídica ortodoxa e insensata a configurar oportunidades administrativas e judiciais sucessivas e repetitivas aos "reclamados ou consignantes" (trabalhistas) que, depois de toda delonga processual trabalhista, novamente, através de outra ação judicial exclusivamente "tributária", converterá o empregador em "executado-previdenciário", podendo, então, se e quando, obtiver contra si outra condenação, por outro ramo do Judiciário, compeli-lo ao cumprimento do que de há muito já se sabia devedor.

Questões de fundo prático, como resultados estatísticos de índice de recuperação de créditos pela União e impactos sobre o fundo do Regime Geral da Previdência Social, aqui omitidas, mas intuitivas, demonstram por si a inviabilidade desse mecanismo destrutor e antecipam, na sua insistência, a coletivização dos riscos econômicos dos empregadores inadimplentes e contumazes fraudadores do sistema previdenciário nacional.

O formalismo não pode servir de instrumento de defesa ao anacronismo de doutrinas e dogmáticas engessadas no tempo. Não pode legitimar concorrência desleal; multiplicação astronômica de lides (inclusive simuladas); ofensa à dignidade humana, sobretudo no contexto trabalhista-alimentar; evasão fiscal num País marcado por receitas derivadas; assistematicidade jurídico-administrativa, entre tantos outros efeitos negativos que poderíamos exaustivamente citar.

4.2 Comentários às repercussões da Súmula Vinculante que limitará a competência da Justiça do Trabalho para cobrança de contribuição social[49]

4.2.1. Contextualização

Por unanimidade, o Plenário do Supremo Tribunal Federal (STF) decidiu, em 11 de setembro de 2008, editar uma Súmula Vinculante determinando não caber à Justiça do Trabalho estabelecer, de ofício, débito de contribuição social para com o Instituto Nacional do Seguro Social (INSS) com base em decisão que apenas declare a existência de vínculo empregatício.

Pela decisão, essa cobrança somente pode incidir sobre o valor pecuniário já definido em condenação trabalhista ou em acordo quanto ao pagamento de verbas salariais que possam servir como base de cálculo para a contribuição previdenciária.

A decisão foi tomada no julgamento do Recurso Extraordinário (RE) n. 569.056/PA, interposto pelo INSS contra decisão do Tribunal Superior do Trabalho (TST), que negou pretensão do INSS para que também houvesse a incidência automática da contribuição previdenciária referente a decisões que reconhecessem a existência de vínculo trabalhista.

---

(49) Até a finalização desta obra o Supremo Tribunal Federal ainda não havia divulgado o trânsito em julgado do RE n. 569.056/PA nem publicado qualquer súmula vinculatória atrelada ao caso. A presente resenha aqui colacionada é fruto de notícias publicadas no próprio site do STF, embora submetido este último ainda a embargos declaratórios pendentes de julgamento. Disponível em: <http://www.stf.jus.br/portal/processo/verProcessoAndamento.asp?incidente= 2571983>.

Por unanimidade, aquele colegiado adotou o entendimento constante do item I, da Súmula n. 368 do TST, que disciplina o assunto. Com isso, negou recurso lá interposto pelo INSS.

O TST[50] entendeu que a competência atribuída à Justiça do Trabalho pelo inciso VIII do art. 114, da Constituição Republicana (CR/88), quanto à execução das contribuições previdenciárias, "limita-se às sentenças condenatórias em pecúnia que proferir e aos valores objeto de acordo homologado, que integrem o salário-de-contribuição", excluída "a cobrança das parcelas previdenciárias decorrentes de todo período laboral".

O INSS em seu recurso alegava ofensa ao art. 114, § 3º (atual inciso VIII), da Constituição Federal. Sustentava, entre outros, que o inciso VIII do art. 114 da CR/88 visa:

> (...) emprestar maior celeridade à execução das contribuições previdenciárias, atribuindo-se ao juízo trabalhista, após as sentenças que proferir (sejam homologatórias, condenatórias ou declaratórias), o prosseguimento da execução. (Alegava, também, que) "... a obrigação de recolher contribuições previdenciárias se apresenta, na Justiça do Trabalho, não apenas quando há efetivo pagamento de remunerações, mas também quando há o reconhecimento de serviços prestados, com ou sem vínculo trabalhista.

Em seu voto, no entanto, o relator do RE, saudoso ministro Menezes Direito, afirmou que "o que se executa não é a contribuição social, mas o título que a corporifica ou representa, assim como o que se executa, no juízo comum, não é o crédito representado no cheque, mas o próprio cheque". Ainda, segundo ele, "o requisito primordial de toda a execução é a existência de um título judicial ou extrajudicial".

Assim, observou o citado ministro, *verbis*:

> (...) no caso da contribuição social atrelada ao salário objeto da condenação, é fácil perceber que o título que a corporifica é a própria sentença cuja execução, uma vez que contém o comando para o pagamento do salário, envolve o cumprimento do dever legal específico de retenção das parcelas devidas ao sistema previdenciário.

Adiante no voto, para ele, ainda:

> (...) entender possível a execução de contribuição social desvinculada de qualquer condenação, de qualquer transação, seria consentir com uma execução sem título executivo, já que a sentença de reconhecimento do vínculo, de carga predominantemente declaratória (no caso, de existência de vínculo trabalhista), não comporá execução que origine o seu recolhimento.

> (...) No caso, a decisão trabalhista que não dispõe sobre o pagamento de salários, mas apenas se limita a reconhecer a existência do vínculo, não constitui título executivo judicial no que se refere ao crédito de contribuições previdenciárias.

---

(50) O julgado acima citado refere-se ao Processo n. TST – AIRR – 504/2000-004-80-40.4. Ele e respectivas peças conformatórias podem ser obtidas em <http://brs02.tst.jus.br/cgi-bin/nph-brs?s1=(4177194.nia.)&u=/Brs/it01.html&p=1&l=1&d=blnk&f=g&r=1>.

Por fim, lembrou que a própria Constituição (CR/88) indica que a causa para execução, de ofício, das contribuições previdenciárias é a decisão da Justiça do Trabalho, ao se referir a contribuições decorrentes da sentença que proferir. "O comando constitucional que se tem de interpretar é muito claro no sentido de impor que isso se faça de ofício, sim, mas considerando as sentenças que a própria Justiça do Trabalho proferir". Por isso, ele votou pelo indeferimento do Recurso Extraordinário interposto pelo INSS:

> Pelas razões que acabo de deduzir, eu entendo que não merece reparo a decisão apresentada pelo TST no sentido de que a execução das contribuições previdenciárias está de fato ao alcance da Justiça do Trabalho, quando relativas ao objeto da condenação constante de suas sentenças, não podendo abranger a execução de contribuições previdenciárias atinentes ao vínculo de trabalho reconhecido na decisão, mas sem condenação ou acordo quanto ao pagamento das verbas salariais que lhe possam servir como base de cálculo.

Em conclusão decisória, o STF, por unanimidade e nos termos do voto do Relator, desproveu o recurso. Em seguida, o Tribunal, por maioria, aprovou proposta do Relator para edição de súmula vinculante sobre o tema, e cujo teor foi deliberado nas próximas sessões, vencido o Senhor Ministro Marco Aurélio, que reconhecia a necessidade de encaminhamento da proposta à Comissão de Jurisprudência. Votou o Presidente, Ministro Gilmar Mendes. Ausentes, justificadamente, os Senhores Ministros Celso de Mello, Carlos Britto e Joaquim Barbosa. Falou pela Advocacia-Geral da União o Dr. Marcelo de Siqueira Freitas, Procurador-Geral Federal. Plenário de 11 de setembro de 2008.

4.2.2. Comentários

Muitas questões sérias estão pretensamente modeladas por este julgamento do Supremo Tribunal Federal, que tratou da incompetência da Justiça do Trabalho para cobrar diretamente contribuições sociais atreladas aos vínculos clandestinos, reconhecidos em Carteira do Trabalho e Previdência Social (CTPS). Restam, apesar do interesse do Colendo Tribunal em simplificar e organizar o assunto, reconhecendo a repercussão geral do caso, várias nuances que permanecem inseguras e continuam problematizando o assunto. É de se revelar, inclusive, que várias delas sequer são equacionadas na órbita estrita da dogmática jurídica, por isso mesmo, merecendo maior preocupação da sociedade organizada e dos poderes constituídos em face do mister político adstrito.

Aqui serão abordados, panoramicamente, aspectos que cogitamos principais ou mais urgentes, sem que se apresentem exaurientes conclusões, mas que se promovam, no mínimo, discussão e aprofundamento teórico e prático sobre tão importante tema.

Efeitos e circunstâncias decorrentes de aspecto demográfico, econômico ou de tendências político-estruturais inerentes à hipótese foram considerados. Apontou-se, também, através de um pretenso "cânone intermediário eclético", de linha aparentemente contraditória (sistemática e problemática) na qual se reconheceu, de antemão, tanto a soma das vantagens como desvantagens ínsitas a ambas correntes de pensamento científico--doutrinário), ao menos, preliminarmente, um panorama de considerações tecnojurídicas importantes acerca do tema.

Noutras palavras, as premissas desenhadas pretendem também perquirir a viabilidade de se configurar um modelamento analítico resultante da síntese do sistema (jurídico) e da retórica, mantendo a execução de ofício operada pela própria Justiça do Trabalho quanto às contribuições sociais decorrentes de vínculos de emprego por ela concedidos, assinados ou declarados em CTPS nas causas jurídico-laborais.

Redundante exprimir que não houve submissão exauriente da racionalidade sistemática, tornando as conclusões lançadas entendimento particular do autor e reconhecidamente impuras e incompletas; conquanto, inegavelmente, resguardem melhor a compreensão do mundo juridicizado à realidade prática. De qualquer sorte, nesse contexto, antecipamos conteúdos latentes da dogmática e da retórica que, aplicados ao caso concreto, permitem-nos discordar e antever o desacerto do julgado em tela, provocando consequências sobremodo negativas à sociedade brasileira.

4.2.3. Do elemento demográfico

Inicialmente, cabe-nos acostar breves gráficos concernentes à disposição populacional do Brasil (como exemplo de país em desenvolvimento) e da Itália (modelo de país desenvolvido) por sexo e idade em décadas estratégicas (diferentes), sem, na circunstância, buscarmos suas causas, senão, apenas conclusões sobre impactos de cunho previdenciários.

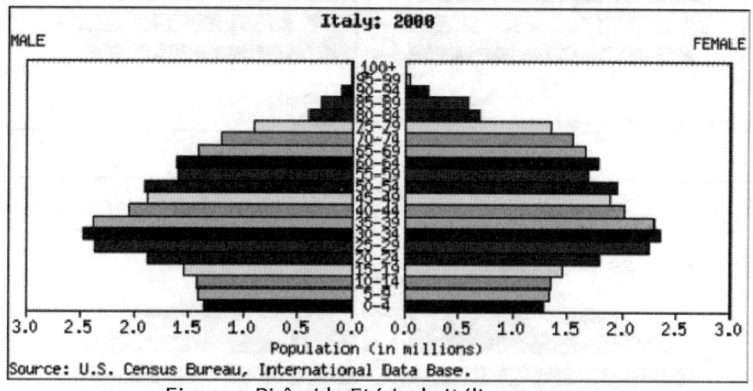

Figura 1: Pirâmide Etária da Itália em 2000

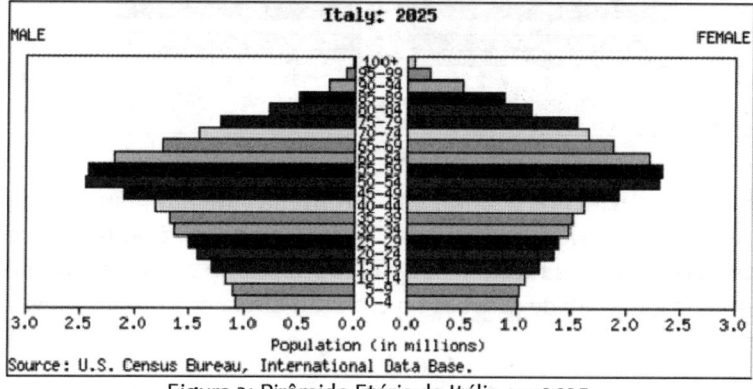

Figura 2: Pirâmide Etária da Itália em 2025

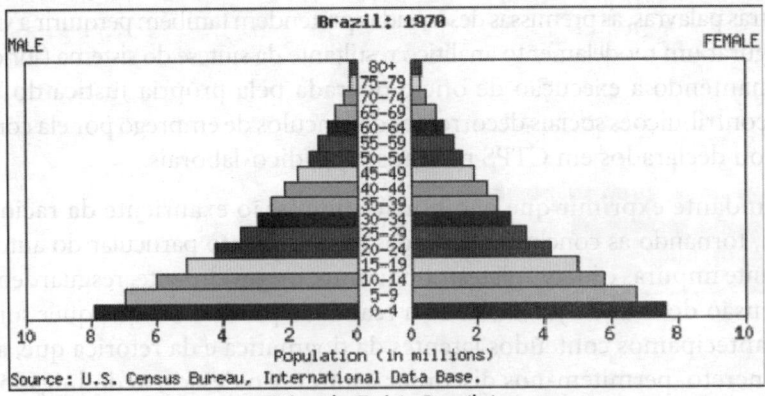

Figura 3: Pirâmide Etária Brasileira em 1970

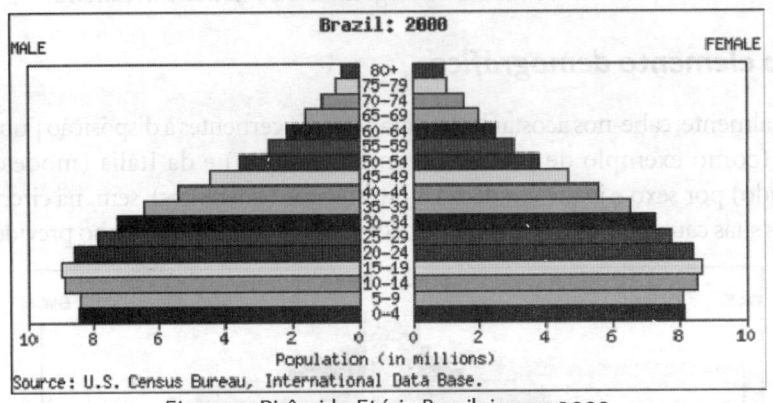

Figura 4: Pirâmide Etária Brasileira em 2000

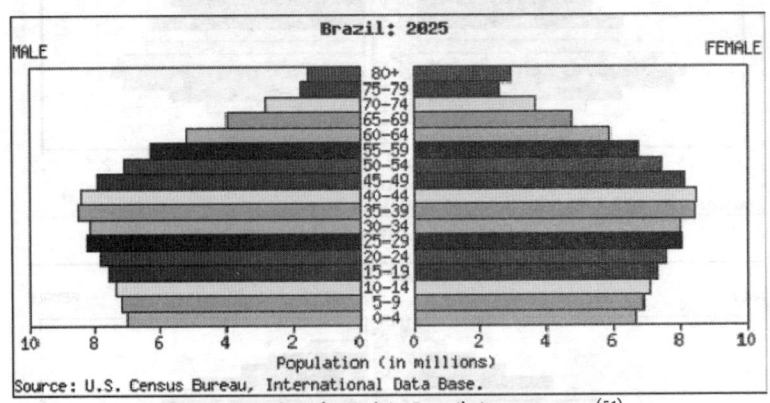

Figura 5: Pirâmide Etária Brasileira em 2025[51]

Percebe-se, por evidente, o fenômeno do envelhecimento populacional tanto em países de primeiro como de terceiro mundos; entretanto, as modificações piramidais de população são bem mais radicais nos países pobres. Se resta superado reconhecer que o aumento de longevidade provoca repercussão direta nos fundos previdenciários e

---

(51) Referências demográficas obtidas pela internet no endereço: <http://www.unati.uerj.br/tse/scielo.php?script=sci_arttext&pid=s1809-98232006000300006&lng=pt&nrm= iso>.

assistenciais; admite-se, por consequência, indissociável impacto nos fundos patrocinadores desses préstimos em futuro breve. Nesse particular, a disposição contributiva e solidária, junto com limites de idade mínimos para aposentação, períodos de carência e ainda outras restrições para concessão de outros benefícios de cunho previdenciário, ínsitos ao regime geral da previdência social brasileira, servem parametricamente como bases quantitativas e qualitativas de racionalização do sistema e garantia de autossustentabilidade. Surge a pergunta natural: tais medidas são suficientes?

Generalizando a observação comparativo-direta do fenômeno demográfico em países periféricos e centrais, percebe-se, de pronto, pela própria morfologia decorrente, sobretudo das vicissitudes socioeconômicas, acentuações bem mais marcantes e preocupantes naqueles primeiros países. Isso significa dizer que planejamentos radicais precisam de implementação imediata (atual e iminente), sob pena de criarmos embaraços incontornáveis no futuro próximo para sustentabilidade do sistema previdenciário nacional.

Não se pode olvidar que grande parte da população economicamente ativa brasileira[52] encontra-se desempregada, (sub)empregada ou engajada à economia informal, não contribuindo para os fundos arrecadatórios da previdência; conquanto, de antemão, se saiba que hoje, potencialmente, e amanhã, absolutamente, venham, tais trabalhadores, carecer de benefícios de cunho previdenciário e/ou assistencial. Tal fenômeno empírico comprime a relação "receita" *versus* "despesa", distorcendo o sinalagmatismo contributivo--solidarista do regime previdenciário nacional.

4.2.4. Da tendência político-estrutural dominante

Na década de 90, houve no Brasil o implemento de uma tendência neoliberal privatística com modificação da atuação estatal, concentrando o papel do Estado em atividades consideradas essenciais. A criação de agências reguladoras das atividades repassadas à iniciativa privada assumiu papel de destaque, mantendo-se as demais autarquias (comuns) sob modelo e importância política secundários. Esse reflexo talvez justifique o viés de crônico contingenciamento orçamentário, a desqualificação técnico--pessoal e a precariedade estrutural enfrentados pela autarquia previdenciária (INSS).

Essa assimetria[53] desenvolve-se marcantemente sob dois enfoques: a repartição de recursos entre poderes e funções do Estado e a distribuição dentro do próprio poder ou função.

---

(52) Comprovações estatísticas sobre tal percepção de senso comum foram ratificadas por diversos trabalhos. Citamos, ilustrativamente: Lauro Ramos, A Evolução da Informalidade no Brasil Metropolitano: 1991-2001. E outro conjunto do já citado pesquisador com Valéria Ferreira, intitulado: Padrões Espacial e Setorial da Evolução da Informalidade do Brasil: 1991-2003. Ambos os trabalhos promovidos pelo Instituto de Pesquisa Econômica Aplicada — IPEA. Disponíveis em: <http://www.ipea.gov.br/pub/bcmt/ mt_019l.pdf> e <http://www.ipea.gov.br/pub/td/2005/ td_1099.pdf>, respectivamente.

(53) Aprofundamento da ideia de "assimetria estatal" pode ser obtida no artigo deste mesmo comentador sob o título: "A incongruência do hipertrofismo Estatal", publicado na *Revista IOB de Direito Administrativo*, n. 25, p. 200-201, 2008.

Revelam-se problemas mais amplos à medida que se envolve todo o Estado — e emanam resistências de toda ordem: tanto econômica quanto política, repercutindo até em elementos de caráter corporativo-individualistas. Por outro lado, negar esses embaraços ou efetivar cortes epistemológicos estratégicos de conveniência e não assunção desta realidade parece não só servir para ocultar a real dimensão do problema como contentar-se com modelos natimortos ou formalistas, procrastinando o problema. É lutar, por conseguinte, por interesses antijurídicos porque tais anomalias intraestado não se revelam como emergências[54] autênticas do ordenamento jurídico; mas, no máximo, fenômeno de repercussão associado a planejamentos inadequados e axiologicamente intencionados a resguardar interesses de classes. A episodicidade[55] se mostra gritante pelos sucessivos acontecimentos do cotidiano a impactarem a previdência geral, com desproporções fundadas no ordenamento pátrio de figuração hermética tripartite, aplicada inflexivelmente ao Estado Brasileiro.

4.2.5. Do subsistema arrecadatório parafiscal sui generis à problematização aplicado à competência da Justiça do Trabalho na execução ex officio do reconhecimento de vínculo concedido em CTPS advindo de processo judicial trabalhista

O subsistema jurídico-exacional foi aqui utilizado como ponto de partida, vetor de construção e base do raciocínio jurídico interpretativo válido. Contexto de pragmatismo, sobretudo, temperou o influxo de elementos de cunho argumentativo (ou retórico), culminando em amoldar ou revelar uma síntese, ao que parece, contrária à decisão do Supremo Tribunal Federal.

Uma primeira indagação que carece enfrentamento é sabermos se o sistema jurídico exacional (fiscal e parafiscal) possui arquétipo dogmático único de procedimentalização, quando da execução judicial de seus créditos. A resposta é complexa. Hoje, ainda que precariamente, preferimos defender que não. Fundamentemos: de fato, o procedimento "padrão" da execução fiscal se perfaz através da denominada lei de execução fiscal ou Lei n. 6.830/80. Mas isso não significa uniformização constitucional absoluta a concluir-se que, em todas as hipóteses, perfar-se-á qualquer execução a favor de ente público através do regime jurídico *standard*. O que significaria, por exemplo, iniciarmos toda execução fiscal e parafiscal pela inscrição em dívida ativa, conformando, então, uma certidão de dívida ativa (CDAs) para posterior ajuizamento executivo.

---

(54) O conceito de "emergência" aqui acostado significa: "qualidades e/ou propriedades dum sistema que apresentam um caráter de novidade em relação às qualidades ou propriedades dos componentes considerados isoladamente ou dispostos de maneira diferente num outro tipo de sistema", abordagem numa perspectiva sistêmica trabalhada por Edgar Morin, na obra: *O método — a natureza da natureza*. Sintra: Europa--América, 1987. p. 104. A inexistência de uma realidade nova a ser regulada não gera real crise jurídica, senão, no máximo, necessidade aparente, não justificando em princípio reorganização do sistema jurídico, servindo-se nesses casos como forma sub-reptícia de atuação ideológica ou de interesse.

(55) O sentido do termo "episódico" empregado no texto pretende ressaltar as incontáveis e desproporcionais situações práticas encontradas dentro do Estado no concernente aos gastos públicos com pessoal, manutenção, estruturação e afins, ora justificados por formalismos, ora por lobbies, ora por opção política, etc.

A parafiscalidade inerente a determinados tributos; a natureza especialíssima destes e de tantos outros, como de exemplo, a própria contribuição previdenciária, mormente diante da marcante índole securitária e alimentar que possui, na medida em que viabiliza aposentadoria, auxílio-doença ou acidente, entre outros serviços e prestações, em síntese, de caráter assecuratório dos cidadãos; elementos de balizamento axiológico (ou jurídico-substancialista) que, se levados às últimas consequências, deságuam no humanismo, na razão de ser da sociedade e do direito, na dignidade da pessoa humana, associados a um viés de realização prática e estabilidade coletiva, plasmados em motivos plurais: jurídicos, sociais, políticos, econômicos que convergem no sentido de se conferir permissão a uma procedimentalização específica e racional das execuções das contribuições previdenciárias decorrentes de lides trabalhistas.

Usamos como instituto paradigmático-sistemático-comparativo, ou melhor ainda, como regime jurídico sistemático-comparativo, o procedimento da "execução de débitos ou multas promovida pelo Tribunal de Contas da União", amparada pela CR/88, art. 71, VIII e § 3º, pela Lei n. 6.822/80 e pela Lei n. 8.442/92. Ressalte-se, inclusive, por coincidência, que, em direito tributário, descumprimento de obrigação acessória de caráter pecuniário transforma-se, diante da identidade ontológica (dívida em dinheiro), em obrigação principal.

O gênero interpretativo-aplicativo de sopesamento principiológico configura verdadeira essência ou alicerce de vários métodos interpretativos constitucionais específicos e sistematicamente incorporados, tais como, ilustrativamente: a interpretação conforme a Constituição com ou sem redução de texto; ou ainda a declaração de inconstitucionalidade parcial sem redução de texto, mais que frequentemente utilizada pelo Supremo Tribunal Federal para justificar as parametrizações ou reorganizações dogmático-interpretativas decorrentes da dinâmica social. Também se serve, como se depreende, numa proposta justificadora aceitável, mesmo que refuja do dogmatismo clássico-literal ou gramatical, para redefinir limite e alcance de normas. Mas, como se apercebe, não necessariamente em desconformidade à sistemática orgânica do ordenamento jurídico; mantendo, pois, sua segurança e a coerência internas.

Nesse diapasão, juntando as duas perspectivas, quais sejam: uma, oriunda da retórica (a comparação de circunstâncias axiológicas de maior ou mais razão, como vimos acima); aliada a uma outra, de pontuação endossistemática expressa e indiscutível quanto à possibilidade dogmática de cobrança de multas pelo TCU, por um procedimento específico e atípico, desde que reconhecida existência, no particular, de uma emergência[56]

---

(56) Edgard Morin, repita-se, traz a precisa circunscrição conceitual e qualificação das "emergências" como sendo "qualidades ou propriedades dum sistema que apresentam um caráter de novidade em relação às qualidades ou propriedades dos componentes considerados isoladamente ou dispostos de maneira diferente num outro tipo de sistema". Na ideia de emergência, existem ligações estreitas entre qualidades, propriedades, produtos (resultados), globalidade e novidade. A emergência é irredutível (fenomenicamente) e indedutível (logicamente). Com essa ideia, entendemos que a necessidade socioeconômica, imperiosa na fenomenologia jurídica, por exemplo, pode gerar crises jurídicas que carecem ajustes ou atualizações no sistema jurídico a impor incorporação e/ou adaptação de institutos, elementos e procedimentos (novos) no conjunto normativo-interpretativo, tencionando sanar a carência exsurgida.

de arrecadação exacional e inteligibilidade normativa (unidade); impõe-se redefinição interpretativa-comparativa-aplicativa, de cunho substancial ao ordenamento jurídico para justificar permissão quanto à cobrança não padronizada do regime jurídico da execução "fiscal", não pautado, deste modo, para o contexto das contribuições sociais decorrentes de ações trabalhistas na Lei n. 6.830/80, mas na execução *sui generis* de contribuição social realizada pela Justiça Trabalhista.

Ainda num viés dogmático, com a eventual fixação restritiva do julgado do STF limitando a competência da Justiça do Trabalho, promove-se contradição e incompatibilidade parcial (ou total) de leis ainda vigentes e que visam, exatamente, estruturar um subsistema de arrecadação próprio; conquanto não tenha ocorrido esperado afastamento, por menção de inconstitucionalidade incidental, pelo Pretório Excelso dos dispositivos (infraconstitucionais) que continuam a estampar sentido contrário ao mérito do seu julgado aparentemente vinculante.

Doutrinariamente, Pontes de Miranda[57], de há muito estabeleceu a (re)atualizada divisão sentencial quinaria, nas conhecidas modalidades sentenciais: condenatórias, declaratórias, executivas *lato sensu*, mandamentais e constitutivas. Já então, entretanto, ressalvava a inexistência prática da pureza classificatória. Ou seja, para o caso concreto em abordagem, não podemos inferir que o reconhecimento do vínculo clandestino em Carteira de Trabalho e Previdência Social possui cunho eficacial absoluto e exclusivo de declaração, cuja intenção, na verdade, na menor das hipóteses, é potencializar uma consequência diversa da mera enunciação no mundo real. Nesta prática de natureza híbrida, agora parcialmente afastada pelo STF — trabalhista e previdenciário-fiscal — nunca se descuraram ao contribuinte condições amplas de defesa através do contraditório do processo judicial trabalhista. A nova opção restritiva do julgado em análise, qual seja, da categorização pura da sentença declaratória como impedimento de execução autônoma na esfera trabalhista; ademais, traz ínsito natural e futuro descumprimento pelo Poder Executivo da coisa julgada.

A autarquia previdenciária (INSS) não reconhecerá o título invocado administrativamente que sempre exigirá prolongamento judicial, seja do trabalhador contra a autarquia, seja da União contra o empregador, através da propositura de novas ações judiciais autônomas, em sucessão ou concomitância, na Justiça Federal, com o mesmo fim. Além da onerosidade, da burocratização judicial dupla ou tripla, da procrastinação ensejadora de descumprimento e fraude, do desamparo social aos trabalhadores, enfim, temos a configuração do já existente e, decerto, neste delineamento, futuramente, ainda mais acentuado, conflito de Poderes. Isso porque partindo do regime constitucional previdenciário compulsório, seletivo, solidário e contributivo, não se reconhecerá o título judicial trabalhista, meramente declaratório, como elemento apto a ensejar o

---

É verdade, ainda, que Morin se utiliza de uma perspectiva sistêmica e não sistemática, como aqui se desenvolve. Entendemos, entretanto, mesmo assim, plausíveis ou oportunas as concepções do autor porque a dinâmica do sistêmico incorpora o sistemático (este subconjunto daquele), uma perspectiva menor daquele.

(57) MIRANDA, Pontes de. *Comentários ao Código de Processo Civil*. Rio de Janeiro: Forense, 1974. p. 222.

reconhecimento e ingresso de um trabalhador ao regime geral da previdência (RGPS) quando nunca contribuiu, ao menos, em termos práticos; e, também, por outro lado, não tenha dado qualquer azo ao descumprimento. Se, todavia, admitirmos e forçarmos a anuência do Poder Executivo à decisão trabalhista sem geração de custeio correspondente, significará desamparar os fundos específicos, estimular o inadimplemento intencional por parte dos empregadores e, às avessas, transmudar regime previdenciário em regime assistencial como aconteceu, ilustrativamente, com os rurícolas, embora, neste último caso, por expresso mandamento constitucional.

Aliás, a depender da situação, em várias circunstâncias, sequer será o trabalhador (ou sua família) considerado segurado ou dependente, por manifestamente, não preencherem, uns e outros, inúmeros dos requisitos administrativos e/ou legais indispensáveis a lhes conferirem direitos ou benefícios previdenciários. Podemos chegar a um extremo de corrupção tal, no qual o cidadão (trabalhador subordinado) teve dos seus 'contracheques' descontadas as contribuições sociais mensais pelo empregador, mas nunca repassadas aos cofres públicos e, quando da necessidade de auferir benefícios desse jaez, ser-lhe peremptoriamente denegado qualquer serviço ou prestação pelo INSS, mesmo portando título trabalhista transitado em julgado, face à inexistência de recolhimento, circunstância que só beneficiará o fraudador contumaz que, mesmo se submetendo a delongados e sucessivos processos judiciais, se furtará em responder por suas responsabilidades; até porque, de há muito, dissipou bens e turvou os fatos ensejadores da tributação e dos crimes, comprometendo a lógica do sistema, além de manifestamente prejudicar hipossuficientes e onerar sobremodo o próprio Estado.

4.2.6. Da contribuição social na órbita trabalhista e das indagações preliminares e conclusivas

Em breve aperto legal e doutrinário, a Constituição da República Federativa do Brasil de 1988, sobretudo a partir da EC n. 20/98 e da vigência dos diversos dispositivos normativos a seguir, Lei n. 10.035/00, Lei n. 8.212/91, Decreto n. 3048/99, Instrução Normativa SRP/MPS n. 03/05, Lei n. 11.457/07, Lei n. 11.488/07, Lei n. 11.941/09 e respectivas alterações, todos juntos regram os ditames arrecadatórios da contribuição social na esfera da Justiça do Trabalho.

O novo modelo administrativo-judicial de cobrança deste espécime de exação, a despeito de falhas, representou uma síntese regida pelo aproveitamento de estrutura, velocidade, contingência político-estrutural e adaptação, em face da "descortinação" da fenomenologia exacional-ampla; todas, características assentes ao ramo do judiciário laboral.

Apesar, repita-se, de inapropriedades ínsitas à nova procedimentalização e aqui não perfeitamente enfrentadas, houve em termos pragmáticos, inegável e significativo avanço arrecadatório e mesmo adaptação dogmática, quando, através da Constituição brasileira e das legislações ordinárias retrocitadas, criou-se modelo específico de cobrança que serve exatamente para optimizar a exação da contribuição social, sobremodo menosprezada por setores da economia formal e totalmente sonegada pela informal, sem descurar dos ditames da legalidade estrita e da dialética, do contraditório e da ampla defesa; com mais razão, se justificando sua especificidade, em função de se tratar de verbas de cunho alimentar (pura ou exclusivamente trabalhista) e/ou alimentar-assistencial (fundo trabalhista e também assecuratorial).

A técnica de interpretação conforme a Constituição, garantindo maior efetividade à cobrança da exação previdenciária, entende que a sentença ou o acordo trabalhista moldam um título executivo administrativo-judicial (*sui generis*), porque fundado sem necessária participação da União ou do INSS no processo cognitivo, sem ocorrência de indispensável litigiosidade judicial direta, sem constituição exclusivamente administrativa, isto é, realizada pela administração, mas, conformada pelo Poder Judiciário, em exercício de atividade híbrida, de cunho administrativo e jurisdicional concomitantemente.

Detalhe desafortunado é não se ter apercebido o STF do rompimento que gerou com este julgamento, quando tratou de modo obsoleto ou anacrônico a questão da repercussão geral, pretensamente simplificadora, através do efeito multiplicador a ser em breve conferido à matéria cerne do julgado. Tratava-se de um conflito já relativamente resolvido, legalizado e densificado, sinteticamente, pela CR/88, art. 114, VIII; Lei n. 8.212/91; Lei n. 10.457/07 e Lei n. 10.488/07; Decreto n. 3.048/99 e IN MPS/SRP n. 03/05 com alterações; todos os normativos no sentido sistemático-teleológico de conferir competência à Justiça do Trabalho diretamente, ganhando, com tal procedimento usual, eficiência, tempo, dinheiro público, sustentabilidade, coerência e segurança, sobretudo aos integrantes do regime geral da previdência social; sem ferir, por outra via, direitos ou garantias dos contribuintes. Desrespeitou-se e pulverizou-se com o estudado julgamento representativa decantação operacional, fruto de precedentes infraconstitucionais, produtos da dinâmica socioeconômica oriundos da prática jurídico-social estancada pelo realismo jurídico que já havia conferido, paulatinamente, em conjunto ao ordenamento (inclusive constitucional), verdadeiro modelo subsistemático arrecadatório, estruturado por vários segmentos, quase pacificado, dando-se-lhe, agora, orientação e balizas totalmente diversas.

Outro pormenor meramente fático e, decerto, explicado por questões de fundo prático, mas não menos curioso na hipótese, é a inexistência (ou estagnação intencional?) — pelo menos até a conclusão desta obra — da publicação do acórdão alvo da análise aqui despendida, assim como, de consequência, de qualquer súmula vinculativa afeta, haja vista que já faz mais de ano da realização do julgamento, embora ainda não se encontre registrado ou publicado, senão através das informações colhidas na ocasião da realização do julgamento e aqui acostadas.

Por essas e outras razões, salvo melhor juízo, foi meritoriamente equivocada a decisão da corte máxima do País no pormenor, justo por acentuar vários corolários negativos e de insegurança aos aplicadores do direito e, pior, a serem suportados pela sociedade, porque restam dificuldades técnicas e práticas não ultrapassadas.

Portanto, o alto grau de risco social, político e econômico, inerente ao julgamento dessa questão pelo STF, mormente por razões de prematuridade e por atribuição de efeito vinculativo (sumulado) no paradigma do Recurso Extraordinário n. 569.056/PA salta aos olhos por inúmeros motivos, entre outros:

a) o alcance vinculativo da decisão do STF ocorrerá apenas para processos anteriores à Lei n. 10.457/07 ou atingirá, também, casos posteriores à vigência da citada lei da "super-receita", possuindo "efeito liberatório geral", dada a transferência de competência da Justiça Laboral para Justiça Federal?

b) não houve por parte do STF extravasamento de competência no julgamento promovido à medida que parece ter se imiscuído em questões afetas à exclusividade do Superior Tribunal de Justiça (órgão responsável pelas definições de uniformidade infraconstitucional)?

c) a existência de sentença (decisão trabalhista) mista, isto é, que possua parcelas salariais e indenizatórias, portanto, condenatórias, junto com reconhecimento de vínculo (declaratório) será meio hábil para manter a competência da Justiça do Trabalho na execução *ex officio,* consoante estampado, entre outros, nas Leis ns. 10.035/00 e 10.457/07, mantendo-se a integralidade executiva do título? Ou apenas confere competência parcial para execução direta na justiça obreira da parte denominada condenatória (verbas rescisórias); devendo a parte declaratória submeter-se à inscrição em dívida e posterior julgamento perante a justiça federal comum; restando, desta feita, fragmentado o título judicial?

d) a melhor compreensão do julgado não seria aquela que confere a estruturação a partir da sentença declaratória proferida de reconhecimento do contrato de trabalho e, em harmonia à constitucionalidade do art. 876, parágrafo único da CLT, que, por seu turno, explicitamente, aduz a competência desta especializada para cobrar contribuições devidas em decorrência de decisões proferidas pelos juízes e tribunais do trabalho, resultantes de condenação ou homologação de acordo, inclusive sobre salários pagos durante o período contratual reconhecido, porquanto modificada e dirigida a competência da execução previdenciária, atrelada à relação de trabalho à especializada trabalhista; possibilitando-se-lhe, destarte, o acertamento ou configuração do título executivo a partir dos ditames regulados no art. 879 da CLT? Ou seja, abrangendo um procedimento liquidatório amplo e dialético, por artigos de liquidação e constituindo o crédito exacional, oportunizando a conversão da declaração sentencial em condenação?

e) inicialmente, percebe-se que a dimensão (limite e alcance) do problema não permitia decisão da Colenda Corte na velocidade e vinculação operacionalizadas como aconteceu;

f) de tão claras as redações atuais de alguns dispositivos legais em exame, sequer uma interpretação de acordo com a Constituição parece cabível na hipótese em discussão, conforme inúmeros precedentes da corte constitucional alemã donde haurimos este instituto[58]. Como se admitir autêntica a súmula vindoura, sem decretação de incompetência das várias normas infraconstitucionais? Trata-se de súmula vinculante que afastará normas inconstitucionais ou súmula *contra legem* a pretexto de interpretação conforme?

g) o formalismo tecnoprocessual, especificamente numa dinâmica de neoconstitucionalismo[59], não poderia servir de instrumento de defesa ao anacronismo de doutrina e/ou dogmática engessada(s) no tempo. Foi isso que se percebeu ao se romper com a eficácia da "procedimentalização" da cobrança de contribuições sociais, no âmbito da especializada trabalhista. Isso porque ao se decretar a incompetência da Justiça do Trabalho para cobrança de vínculos clandestinos reconhecidos (declarados), força-se a cobrança posterior que se perfará, fragmentadamente, por um duplo ou triplo processo (administrativo, judicial trabalhista e judicial federal), implicando maiores gastos ao Estado, mais morosidade, perda de eficácia, ruptura a exigir participação ou envolvimento de várias procuradorias (Federal e de Fazenda), eventualmente do próprio INSS, da Secretaria da Receita Federal do Brasil, da Defensoria Pública, além dos dois ramos do Judiciário. A duplicidade de defesa, o aumento de evasão e o desprestígio da justiça trabalhista são repercussões secundárias. Burocratização imprescindível, na óptica do novo julgado

---

[58] Há especificidades que devem ser cumpridas a fim de que se utilize a técnica da "interpretação conforme a Constituição". Entre elas, deve possuir a norma em análise a potencialidade de interpretações diferentes a justificar, em função da presunção de constitucionalidade das leis e do aproveitamento orgânico do ordenamento, a fixação da opção interpretativa que melhor estabeleça a validade (constitucionalidade) normativa. Neste sentido, Paulo Bonavides, no *Curso de Direito Constitucional*, p. 474: "Uma norma pode admitir várias interpretações. Destas, algumas conduzem ao reconhecimento da inconstitucionalidade, outras, porém, consentem tomá-la por compatível com a Constituição. O intérprete, adotando o método ora proposto [a interpretação conforme a constituição], há de inclinar-se por esta última saída ou via de solução. A norma, interpretada 'conforme a Constituição', será, portanto, considerada constitucional". A própria corte alemã (cf. BGE 109 Ia, 273; BGE 111 Ia, 23; BGE 122 I, 118 e BVerfGE 2, 266), *apud* Virgílio Afonso da Silva, no texto: *Interpretação conforme a Constituição: entre a trivialidade e a centralização judicial*, p. 191-194, esclarece que: "Uma lei não deve ser declarada nula se for possível interpretá-la de forma compatível com a constituição, pois se deve pressupor não somente que uma lei seja compatível com a constituição, mas também que essa presunção expressa o princípio segundo o qual, em caso de dúvida, deve ser feita uma interpretação conforme a constituição". Por fim, acostamos compreensão pacífica do antigo precedente da Suprema Corte do Estado da Flórida, nos Estados Unidos da América (Boyton v. State, So. 2D 536, 546 – 1953) também com base no mesmo trabalho do professor Virgílio Afonso da Silva e que, talvez, melhor resuma o que, no Brasil, tem sido absorvido sobre a "interpretação conforme a constituição": "Se a lei é razoavelmente suscetível de duas interpretações, sendo que, segundo uma delas, seria a lei considerada inconstitucional e, segundo a outra, válida, é o dever da Corte adotar aquela construção que salve a lei da inconstitucionalidade". O problema apresentado, por conseguinte, reside na dúvida sobre a inexistência de pluralidade de interpretações possíveis ao caso concreto, tornando a técnica um instrumento incompatível e forçado.

[59] Na vertente do "neoconstitucionalismo", segundo Walber de Moura Agra, no artigo intitulado: "Neoconstitucionalismo e superação do positivismo", mudança paradigmática ocorre do constitucionalismo e positivismo clássicos, caracterizando, entre outros por: reconhecimento da falência do padrão normativo, fundado na supremacia do parlamento; influência da globalização; pós-modernidade; superação do positivismo; centralidade/concretização de direitos fundamentais; diferenciação qualitativa entre princípios e regras; revalorização do direito.

vinculatório, em virtude da obrigatoriedade, para cobrança das contribuições sociais atinentes ao reconhecimento de vínculo em carteira de trabalho, de que, após o trânsito em julgado de todas as sentenças e acordos nos quais ocorrer declaração de reconhecimento de vínculo na esfera trabalhista, exija-se inscrição em dívida a ser promovida pela Procuradoria de Fazenda que, por processo autônomo, após repasse da justiça obreira ou através da Procuradoria Geral Federal do *decisium* transitado em julgado, inscreva o respectivo crédito, originado do reconhecimento judicial, e perfaça subsequente cobrança de milhões de processos (como regra, de valores pequenos) junto à justiça federal; submetendo a execução ao liame da lei de execução fiscal (Lei n. 6.830/80), mesmo após todo o contraditório direto ou indireto, desenvolvido ou em desenvolvimento, na área trabalhista; nesta última hipótese, para perseguir, naturalmente, parcelas também previdenciárias, não obstante, apenas relacionadas às verbas rescisórias da mesma contratação de fundo;

h) incentivo à concorrência desleal — porque quase sempre será mais vantajoso procrastinar que pagar, ocasionando multiplicação astronômica de lides (inclusive simuladas) por retração do interesse do devedor na busca de soluções administrativas ou extrajudiciais diante da vantagem econômica em prolongar a lide;

i) ofensa à dignidade humana, sobretudo no contexto trabalhista-alimentar, por acentuar as dificuldades de comprovação legal e administrativo-previdenciárias a conformar sucessivos e incontornáveis indeferimentos aos trabalhadores, repercutindo sobre seus direitos de primeira e segunda gerações;

j) por acentuar o descompasso contributivo-arrecadatório já sobremodo preocupante; estimulando a evasão e a sonegação fiscais num País marcado por receitas derivadas, fazendo perder um recolhimento já estruturado e corrente aos cofres da previdência de mais de 1 bilhão de reais ao ano. Para dados mais exatos acerca dos valores, em termos práticos e agora em parte, renunciados com o julgado do STF, que se referem à arrecadação da contribuição previdenciária e outras verbas decorrentes de reclamatórias e consignações trabalhistas dos anos de 2003 até 2009 (parcial) vide anexo B ao final desta obra;

k) a despeito de qualquer fundamento técnico processual superior, se assim fosse o caso, ocorreria abandono parcial indissociável da arrecadação *ex officio*, quando somente *a posteriori* se perseguirão os créditos previdenciários declarados na justiça especializada, embora cobrados em parte por ela, relativamente às parcelas decorrentes das verbas rescisórias — e, as complementares, na judicial federal, quais sejam: aquelas do vínculo de emprego reconhecido; fragilizando, portanto, a unidade da atuação *sui generis* de cunho administrativo do juiz do trabalho ao exigir um "tributo" fruto de fato gerador fixado, quantificado e "lançado" por sentença trabalhista declaratório-condenatória ou formalizado através de um acordo homologado. Tais decisões se equiparavam àquelas que condenam o vencido a pagar custas processuais. E traduzia um título executivo administrativo nivelado à certidão de dívida ativa. O lançamento tributário se perfazia por um procedimento administrativo endoprocessual, tendente a: verificar a ocorrência do fato gerador da obrigação correspondente; cingir a matéria tributável; calcular o montante devido; identificar os sujeitos passivos e, se for o caso, propor a penalidade cabível tal qual, *mutatis mutandi*, o art. 142 do CTN. Quebra-se parcialmente o procedimento misto: administrativo vinculado e jurisdicional atinente à arrecadação da contribuição social, decorrente de ação trabalhista, sem qualquer substituto garantidor de receitas;

l) desprezo interpretativo ou técnico-processual do STF pelo reconhecimento da flutuação ou misturas das naturezas sentenciais (declaratório, mandamental, condenatório, executivo *lato sensu* ou declaratório), consoante há muito prelecionou Pontes de Miranda;

m) a incompatibilidade prática, por fim, da cobrança de contribuição social decorrente da decisão analisada pelo Supremo Tribunal Federal e comprovada por diversos elementos das mais variadas fontes; ilustrativamente:

m.1 – portarias de limitação de valores para inscrição e cobrança de créditos públicos;

m.2 – estrutura física e de pessoal incompatível da Advocacia Geral da União, seja através da Procuradoria Geral Federal, seja através da Procuradoria da Fazenda Nacional, em organizar e impulsionar sozinhas os inúmeros processos trabalhistas que geram repercussões previdenciárias;

m.3 – ofensa direta, entre outros, aos princípios constitucionais e legais: da duração razoável do processo, da eficiência, da economicidade, da racionalidade (como derivação do princípio do devido processo legal substantivo);

n) por se tratar de um julgado que fortaleceu ou ressuscitou o antigo entendimento da Súmula n. 368 do TST, baseado, porém, num paradigma anterior à vigência da Lei n. 11.457/07 que, posterior e literalmente, conformou a competência da justiça obreira na execução de contribuições sociais, inclusive de vínculos clandestinos, no art. 876 da CLT, afastando a aplicação daquela súmula, e que, até o presente, por seu turno, não teve decretada seu afastamento incidental ou direto por inconstitucionalidade, permanece com sua vigência e eficácia inabaláveis, criando contradição no ordenamento. Nesse pormenor, deve-se entender cabível a aplicação da súmula apenas para os casos anteriores à Lei n. 11.457/07, pois não houve decretação de inconstitucionalidade da lei de regência, o que faz presumir a constitucionalidade dela (art. 876, CLT), por conseguinte, para quaisquer situações posteriores à sua vigência?

o) outro elemento que colacionamos é o juramento feito por todo magistrado brasileiro que proclama o cumprimento da Constituição e das leis da República Federativa do Brasil. Nesse contexto, surge a indagação de quais os limites de interpretação e aplicação da súmula vinculante a ser proferida pelo STF. De plano, precipitamo-nos a dizer que é preferível aplicar a lei, certo de que, em tese, cabe sempre a qualquer corte constitucional do mundo o privilégio de errar por último. Assim, se errado estiver o aplicador da lei, tal falha poderá e será, se for o caso, modificada subsequentemente pelo próprio STF;

p) o Recurso Extraordinário n. 569.056/PA, orientador da futura súmula vinculante do STF, não se pronunciou de modo claro (embora obliquamente o tenha feito) sobre o fato gerador da tributação previdenciária. Mais: mesmo o tendo, seja admitindo como correta a apuração de cálculos previdenciários, operacionalizando-se pelo regime de competência ou, contrariamente, pelo regime de caixa (hipótese última que afasta entendimento sedimentado pelo Superior Tribunal de Justiça), restam dúvidas: teremos, no caso, edição de súmula vinculante relativamente à matéria exclusivamente constitucional? É competência da corte constitucional tal fixação?

q) pela decisão vinculante do STF, a incompetência da Justiça do Trabalho abrange a execução dos vínculos clandestinos reconhecidos em sentenças declaratórias. Persiste, por outro lado, nas verbas rescisórias da contratação ou condenatórias decorrentes de sentenças. Qual o destino dos acordos que reconhecem vínculos clandestinos em CTPS? Devemos considerá-los também como declaratórios?

r) o Superior Tribunal de Justiça (STJ), intérprete autêntico da norma infraconstitucional, em diversas situações, entende que a sentença declaratória é título executivo; assim como vários doutrinadores, em comentários ao novo inciso I do art. 475-N do CPC, também defendem ser a sentença declaratória título executivo. Não é de hoje, aliás, essa compreensão, basta citarmos o famoso caso Wladimir Herzog, assassinado nos porões da ditadura militar brasileira (1964-1985), em que a viúva foi ao Judiciário, pedindo apenas o reconhecimento do direito à indenização; sem, porém, pedir a condenação da União ao pagamento desta verba. O que se queria na ocasião era tornar certa a obrigação de a União indenizar. E o antigo Tribunal Federal de Recursos admitiu a ação (TFR, 1ª T., Ap. cív. n. 59.873-SP, rel. Min. Leitão Krieger, j. em 21.6.1983). Verdade seja dita, na contramão do argumento processual utilizado para justificar o *decisium* e futura súmula a ser editada com efeito vinculante pela Colenda Corte, há, em oposição ao mérito do julgado, inúmeros exemplos de ações meramente declaratórias que geram decisão com força executiva: consignação em pagamento, oferta de alimentos, desapropriação judicial, etc. Doutrinadores como Sérgio Shimura, por exemplo, consideram que a "sentença de partilha", que é título executivo, tem natureza declaratória[60]. Por que então desestruturar boa parte da mecânica da arrecadação da contribuição social no âmbito da Justiça do Trabalho, com manifesto prejuízo ao Estado e à sociedade, pautado numa técnica processual de alcance ou mesmo mérito, no mínimo, bastante discutível?

s) é inconteste que a decisão do STF afetará um grande volume de processos em que se coíbe o contrato clandestino de trabalho — aquele em que há serviço

---

(60) SHIMURA, Sérgio. *Título executivo*. São Paulo: Saraiva, 1997. p. 252-253.

subordinado, mas sem vínculo formal. O maior prejudicado, ao final, não será o INSS, por óbvio, mas o trabalhador, uma vez que para conseguir o direito à aposentadoria, o que conta é o tempo de contribuição e não o de trabalho — e se a dívida fiscal não for cobrada, o trabalhador nunca conseguirá o reconhecimento do tempo de serviço, ao menos (espontaneamente) pela iniciativa da autarquia federal.

4.3. Do critério de cálculo de contribuição social na esfera trabalhista

4.3.1. Abordagem prévia

O objetivo da presente secção é abordar a questão da inconsistência da interpretação normativa frequentemente utilizada pelos magistrados, sobretudo nos tribunais regionais e superiores, acerca da constitucionalidade de artigos de lei ligados à cobrança de contribuição previdenciária na Justiça do Trabalho.

O tema é recorrente e controverso. Aqui se procura definir a existência de técnicas hermenêuticas capazes de configurar sistemático engajamento normativo diante da Constituição da República. Carece-se de obter a circunscrição passível de legitimidade interpretativa, dada pelo sistema jurídico exacional-tributário, de sorte a exprimir não somente a unidade do conjunto do ordenamento como também apresentar respostas coerentes aos liames socioeconômicos. Em outras palavras: formulação de um sistema jurídico, o mais objetivo possível, que efetivamente solucione ou contorne os fatos jurídicos que lhe servem de base.

Nesta seara, empregamos ideias que representam uma teorização de ajuste interpretativo, modelando a questão da execução de contribuição social na esfera trabalhista.

Utilizar-se-á, com intuito crítico-contributivo e efeito ilustrativo concreto, a tese vencedora do assunto, publicada pelo Tribunal Regional do Trabalho da 6ª Região, traduzida no julgado vencedor no Incidente de Uniformização de Jurisprudência — IUJ do TRT 6 no Processo n. 00381-2003-020-06-85-2[61], tratando do fato gerador e incidência de acessórios (juros e multas) das contribuições sociais na esfera da Justiça Obreira.

Também apresentaremos algumas conjecturas de cunho hermenêutico na incorporação ou não de normas infraconstitucionais (atos normativos primários) ao ordenamento e respectiva compatibilização com a Carta Magna, ajuntadas à compreensão das balizas encampadas nesta obra, isto é, de a contribuição social cobrada na Justiça do Trabalho conformar uma exação particular.

Para tanto, confrontaremos arremates tecnojurídicos no propósito de verificar que alternativas interpretativas o subsistema jurídico — partindo da configuração de

---

(61) Dados completos do referido Processo podem ser obtidos em: <http://www.trt6.gov.br/consultaOnline2/index.php?metodo=consultatstcompleto2a&chaveprocesso=AP 0165607>.

uma estrutura na qual a contribuição previdenciária é elemento especial de exação e — deste modo — prontificando-se a resolver problemas relacionados ao critério de cálculo das contribuições previdenciárias incidentes. A tese é desenhada em paralelo àquela do tribunal regional supracitado, permitindo análise comparativa e sugerindo retificações ou, ao menos, nova perspectiva de compreensão do fenômeno sociojurídico emergente a fomentar discussões e possibilidades. Pontuações outras como as de fundo político, por exemplo, não estão descartadas e podem induzir excesso de interferência de outros ramos ou subsistemas — como o econômico ou político, por exemplo, sobre o subsistema jurídico, contaminando-o e, talvez, justificando a posição hoje estabelecida nos tribunais, mas que não serão abordados neste trabalho, que se limita ao apontamento e interpretação técnica do subsistema exacional-contributivo social.

4.3.2. A legislação e as duas principais teses interpretativas

O critério de cálculo de cobrança de contribuição social possui normatização constitucional e legal. A Lei Maior no art. 195, pela redação da Emenda Constitucional n. 20/98, dispõe *in verbis*:

> Art. 195. A seguridade social será financiada por toda a sociedade, de forma direta e indireta, nos termos da lei, mediante recursos provenientes dos orçamentos da União, dos Estados, do Distrito Federal e dos Municípios, e das seguintes contribuições sociais:
>
> I – do empregador, da empresa e da entidade a ela equiparada na forma da lei, incidentes sobre:
>
> a) a folha de salários e demais rendimentos do trabalho pagos ou creditados, a qualquer título, à pessoa física que lhe presta serviço, mesmo sem vínculo empregatício;
>
> (...)

A Lei de custeio, com a redação da Lei n. 9.876/99, assim disciplinou a situação:

> Art. 22. A contribuição a cargo da empresa, destinada à Seguridade Social, além do disposto no art. 23, é de:
>
> I – vinte por cento sobre o total das remunerações pagas, devidas ou creditadas a qualquer título, durante o mês, aos segurados empregados e trabalhadores avulsos que lhe prestem serviços, destinadas a retribuir o trabalho, qualquer que seja a sua forma, inclusive as gorjetas, os ganhos habituais sob a forma de utilidades e os adiantamentos decorrentes de reajuste salarial, quer pelos serviços efetivamente prestados, quer pelo tempo à disposição do empregador ou tomador de serviços (...)

Sobre esse disciplinamento, divergem pelo menos duas teses: a apontada pelo IUJ do TRT6, cujo entendimento, inclusive, se encontra sumulado:

> SÚMULA N. 14[62]
>
> CONTRIBUIÇÕES PREVIDENCIÁRIAS. MOMENTO DE INCIDÊNCIA DE JUROS E MULTA.
>
> A hipótese de incidência da contribuição social prevista no art. 195, inciso I, alínea "a", da Constituição da República Federativa do Brasil ocorre quando há o pagamento ou o crédito dos rendimentos de natureza salarial decorrentes do título judicial trabalhista, razão pela

---

[62] Disponível em: <http://www.trt6.gov.br/jurisprudencia/presumulas.html>.

qual, a partir daí, conta-se o prazo legal para o seu recolhimento, após o que, em caso de inadimplência, computar-se-ão os acréscimos pertinentes a juros e multa mencionados na legislação ordinária aplicável a espécie. (RESOLUÇÃO ADMINISTRATIVA TRT 25/2009 - 3ª PUBL. DOE/PE: 2.10.2009)

Por essa interpretação, compreende-se que existe conflito hierárquico entre normas superior (Constituição) e inferior (Lei n. 8.212/91) e cronológico, criando antinomia. Isso porque o fato gerador de incidência, acrescentado pelo dispositivo legal, não foi contemplado na norma constitucional. E o termo legal ajuntado ("devidas") correspondeu à extravagância inconstitucionalizante. E para fundamentar essa compreensão, aponta doutrina de Norberto Bobbio[63] que explicita a prevalência da hierarquia em tais casos.

O entendimento por nós aqui defendido parte de um panorama completamente diferente. Inicialmente, cabe esclarecer que o termo constitucional não foi extrapolado. Valioso circunscrever o limite e alcance das expressões "pagos ou creditados" constantes do art. 195, I, a, da Constituição e sua compatibilidade aos termos *devidos, competência, mês a mês*, todos acostados na Lei n. 8.212/91 em seus arts. 22, 28, 30 e 43, respectivamente.

Primeiramente se rechaçará a interpretação que considera as expressões "pagos" ou "creditados" como sinônimas; caso contrário, seria admitir a legislação possuir palavras inúteis.

O termo "remuneração creditada" não significa valor depositado na conta-corrente do trabalhador. Isso expressa apenas mais uma forma de concretizar o pagamento, ou seja, colocar dinheiro (bem fungível) na posse e disposição do credor. O que a legislação quer efetivamente dizer é que se trata da remuneração da qual o trabalhador é credor ou que incorporou seu direito subjetivo pela realização do trabalho contratado.

Também importante não confundir aquisição do direito com sua exigibilidade, já que normalmente ocorrem em momentos distintos. Torna-se exigível a remuneração na data fixada em contrato, usualmente, no quinto dia útil do mês seguinte ao trabalhado, embora lei ou convenção possam tratar de modo diverso. Até mesmo fixando-a antes do fim do mês de prestação, como ocorre com a categoria dos bancários, por exemplo.

Isso explica a razão da terminologia constitucional utilizada, contemplando também as situações excepcionais de pagamento antecipado ao trabalho, em função de prática operacional-contábil, facilitando o pagamento remuneratório e o contributivo no mesmo momento e a distinção entre os chamados "regimes de competência" e "regime de caixa", referindo-se à distinção entre momento em que uma remuneração se torna creditada (incorporada ao patrimônio pessoal), ou seja, alguém se torna credor de uma prestação e o momento em que essa prestação é executada ou paga, satisfazendo-a.

Desta forma, tal compleição é retratada pela ciência contábil, a exemplo, de José Carlos Marion[64]:

---

(63) BOBBIO, Norberto. *Positivismo jurídico*. Lições de filosofia do direito. Compilação de Nello Morra. Tradução e notas de Márcio Pugliesi, Edson Bioni e Carlos E. Rodrigues. São Paulo: Ícone, 2006. p. 205.

(64) MARION, José Carlos. *Contabilidade empresarial*. 8. ed. São Paulo: Atlas, 1998. p. 96.

Diante do regime de competência dos exercícios (princípio básico), a contabilidade considera a receita gerada em determinado exercício social, não importando o recebimento da mesma. (...) No que tange à despesa, o raciocínio é o mesmo: importa a despesa consumida (incorrida) em determinado período contábil, sendo irrelavante o período de pagamento. (...) Se consumirmos uma despesa no mês de setembro cujo pagamento foi fixado para dezembro, admitindo-se que o resultado seja apurado mensalmente, a referida despesa será alocada (apropriada), considerada para o mês de setembro (mês do consumo) e não dezembro (mês do pagamento). A despesa compete a setembro.

Com o ato jurídico da prestação de serviços do trabalhador, a empresa (contratante) incorpora resultado útil para consecução de sua finalidade lucrativa e, por isso, deve remunerar aquele prestador, sob pena de incorrer em enriquecimento ilícito. Pelo trabalho, o obreiro adquire direito remuneratório, reflexo biunívoco da obrigação de o empregador remunerá-lo. Mesmo que seja estipulado momento posterior para adimplemento da remuneração, já se encontra transposta para o mundo jurídico a prestação de serviços realizada, conformando a relação obrigacional de crédito e débito entre os contratantes.

É a essa realidade que se refere a expressão devidos(as) ou creditado(as), constantes dos arts. 22, inc. I e 28, inc. I, e 30, inc. I, alínea *b*, todos da Lei n. 8.212/91. Registre-se que o instante marcado para o pagamento da remuneração fixa, tão somente, o termo inicial da exigibilidade da prestação. O entendimento completa-se pela compreensão de que o fato gerador das contribuições sociais consubstancia-se na efetiva prestação de serviço e que, a partir de então, devem incidir eventuais acréscimos decorrentes do não pagamento das contribuições no prazo previsto na legislação (art. 35 da Lei n. 8.212/91).

Não se trata de algo inovador. Nesse sentido, o controvertido voto do saudoso Ministro Carlos Alberto Menezes Direito[65], proferido no julgamento do Supremo Tribunal Federal, no RE n 569.056/PA (DJE 12.12.08):

> (...) seja semanal, quinzenal ou mensal, a folha de salários é emitida periodicamente, e periodicamente são pagos ou creditados os rendimentos do trabalho. É sobre essa folha periódica ou sobre essas remunerações periódicas que incide a contribuição e por isso ela é devida também periodicamente, de forma sucessiva, seu fator gerador sendo pagamento ou creditamento do salário. Não se cuida de um fato gerador único, reconhecido apenas na constituição da relação trabalhista.

Ou a jurisprudência do Egrégio Superior Tribunal de Justiça quando, de forma categórica sobre o tema, assim vem, de há muito, pontuando[66]:

TRIBUTÁRIO. RECURSO ESPECIAL. CONTRIBUIÇÃO PREVIDENCIÁRIA. FOLHA DE SALÁRIOS. PRAZO DE RECOLHIMENTO. FATO GERADOR. FUNDAMENTAÇÃO DEFICIENTE. SÚMULA N. 284/STF.

---

(65) Extraído de: <http://www.stf.jus.br/portal/inteiroTeor/obterInteiroTeor.asp?numero=569056&classe=RE>.
(66) Extraído de: <http://www.stj.jus.br/SCON/>. No mesmo sentido: REsp n. 502.650/SC, Relª Min. Eliana Calmon, DJ 25.2.2004, REsp n. 419.667/RS, Rel. Min. Luiz Fux, DJ 10.3.2003.

1. Alegação genérica de ofensa à lei federal não é suficiente para delimitar a controvérsia, sendo necessária a especificação do dispositivo legal considerado violado (Súmula n. 284 do STF).

2. As contribuições previdenciárias a cargo das empresas devem ser recolhidas no mês seguinte ao trabalhado, e não no mês seguinte ao efetivo pagamento.

3. O fato gerador da contribuição previdenciária é a relação laboral onerosa, da qual se origina a obrigação de pagar ao trabalhador (até o quinto dia subsequente ao mês laborado) e a obrigação de recolher a contribuição previdenciária aos cofres da Previdência (REsp n. 502.650-SC, relatora Ministra Eliana Calmon, DJ de 25.2.2004.)

4. Recurso especial parcialmente conhecido e, nessa parte, improvido.

(STJ, REsp n. 507316, Rel. Min. João Otávio de Noronha, Segunda Turma, julgado em 5.12.2006, DJ. 7.2.2007).

TRIBUTÁRIO. PREVIDENCIÁRIO. CONTRIBUIÇÃO SOCIAL. FATO GERADOR. SALÁRIO. EMPREGADO.

1. Não se conhece de recurso especial por violação ao art. 535, II, do CPC, quando a prestação jurisdicional discutida foi entregue, com exame das questões essenciais postas para discussão, no corpo do acórdão recorrido.

2. Ausência de prequestionamento, na espécie, do art. 459, § 1º, da CLT.

3. Recurso conhecido em parte para discutir e decidir sobre a matéria jurídica enfrentada pelo acórdão e impugnada: efetivo momento do fato gerador da contribuição previdenciária paga pelo empregado.

4. Improvimento do recurso. Homenagem prestada ao acórdão recorrido que entendeu materializar-se o fato gerador da contribuição do empregado com a prestação do serviço decorrente da relação de emprego e o direito, no final do período mensal ajustado, a receber o salário devido.

5. Inconsistência da tese de que o fato gerador, na espécie, só ocorre com o efetivo pagamento.

6. Recurso improvido na parte em que foi conhecido.

(STJ, REsp n. 221362/RS, publicado no DJ de 17.12.1999)

Afastadas, portanto, as considerações de pretensa inconstitucionalidade as quais, na prática, correspondem a meros conflitos terminológicos ou semânticos, e aperfeiçoando a legislação, posteriormente, o legislador pátrio, decreto na tentativa de esclarecer e unificar de vez a questão também no âmbito da Justiça do Trabalho, na qual ainda há decisões diferenciadas, como foram exemplificadas, por via de verdadeira interpretação autêntica, explicitou no seu art. 43 da lei de custeio, fruto da redação incluída pela Lei n. 11.941/09, nos seguintes termos:

> Art. 43. Nas ações trabalhistas de que resultar o pagamento de direitos sujeitos à incidência de contribuição previdenciária, o juiz, sob pena de responsabilidade, determinará o imediato recolhimento das importâncias devidas à Seguridade Social.
>
> (...)
>
> § 2º Considera-se ocorrido o fato gerador das contribuições sociais na data da prestação do serviço.
>
> § 3º As contribuições sociais serão apuradas mês a mês, com referência ao período da prestação de serviços, mediante a aplicação de alíquotas, limites máximos do salário-de-contribuição e acréscimos legais moratórios vigentes relativamente a cada uma das competências abrangidas (...)

Consolidou-se, a despeito da resistência presente de alguns tribunais regionais do trabalho, que a contribuição social em análise é devida não por conta da sentença proferida em dissídio individual do trabalho; mas sim, pelo simples fato de ser devido o pagamento de remuneração ao segurado, empregado ou não.

O fato da remuneração ser devida ao trabalhador configura a hipótese de incidência da exação. O crédito a que o constituinte se referiu na dicção legal foi, portanto, o jurídico (CR/88, art. 195, I, *a*). E advém da prestação laboral. Para se identificar a ocorrência do fato gerador da contribuição, deve-se levar em consideração a data da prestação do trabalho e não a data do creditamento contábil ou do pagamento[67].

Seja admitindo-se a contribuição social como espécie *sui generis*, seja classificando-a como espécime de tributo, a normatização converge para identificação do fato gerador com a atividade econômica prestada (labor) e o regime paulatino ou periodicizado de cálculo. Assim, para tanto, prelecionam Luís Carlos de Araújo e Wilson Pocidonio da Silva[68] e, noutro trabalho, Wladimir Novaes Martinez[69], respectivamente:

> O art. 116 do CTN considera ocorrido o fato gerador e existente os seus efeitos desde o momento em que se verifiquem as circunstâncias materiais necessárias a que produza os efeitos que normalmente lhe são próprios. Assim, ocorre o fato gerador do ICMS, por exemplo, não com a emissão da nota fiscal, que constitui obrigação acessória, mas com a operação de venda e circulação da mercadoria. Se o comerciante, neste mesmo exemplo, deixa de emitir nota fiscal, ainda assim, é devido o tributo, pois ocorreu o fato gerador. O mesmo ocorre em uma relação de emprego quando, por exemplo, o empregado presta serviços extraordinários, o fato gerador das contribuições previdenciárias ocorre com a prestação de serviços e não com a elaboração da folha de salários ou com o pagamento.
>
> (...)
>
> A empresa, ao pagar remuneração na justiça, tem o dever de recolher a contribuição previdenciária, como o teria caso o pagamento tivesse acontecido em seu estabelecimento. Diferente, porém, é a configuração da existência do direito do reclamante. O juiz pode declará-lo existente ou não. Se existente, o fato gerador da obrigação fiscal está aperfeiçoado, só então se sujeitando a empresa ao recolhimento das contribuições (...). O reconhecimento do direito a parcelas integrantes ao salário de contribuição não quitadas oportunamente, ajustadas por ocasião da sentença judicial ou de acordo trabalhista, aprimora o fato gerador e deflagra a necessidade do aporte. Não chega a constituí-lo, repete-se; ele preexistia à declaração. Não altera sua essência nem sua individualidade.

---

(67) Neste mesmo sentido, ver André Studart Leitão. *Previdência Social comentada*. Coord. Wagner Balera, São Paulo: Quartier Latin, 2008. p. 285.

(68) ARAÚJO, Luiz Carlos de; SILVA, Wilson Pocidonio da. Fato gerador das contribuições sociais. *Revista Legislação do Trabalho*, São Paulo, LTr, p. 56, abr. 2009.

(69) MARTINEZ, Wladimir Novaes. *Comentário à Lei Básica da Previdência Social*. Tomo I – Plano de Custeio. 5. ed. São Paulo: LTr, 2006. p. 576-577.

A inserção na Lei n. 8.212/91, dispondo que o fato gerador da contribuição previdenciária é a prestação de serviços e seu regime de custeio se perfaz por competência, com inclusão de acessórios porventura não pagos desde então, apenas reforça ou realiza a interpretação legislativa do que o ordenamento jurídico quer dizer e boa parcela da jurisprudência, sobretudo federal comum, já pacificou. O fato gerador é matéria de disciplina infraconstitucional. A Constituição Federal apenas tratou diretamente da base de cálculo das contribuições sociais (folha de salários de demais rendimentos do trabalho pagos ou creditados a qualquer título) e não do fato gerador propriamente.

Não efetuado o recolhimento das contribuições sociais na época própria (prestação dos serviços) implicará inadimplemento que promoverá inclusão dos acessórios correspondentes (juros e multa de mora, conforme arts. 35 e 35-A da Lei n. 8.212/91).

Por todo o exposto, são insubsistentes os entendimentos que visam aplicar o mesmo critério de atualização do imposto de renda ou dos cálculos trabalhistas às contribuições previdenciárias na esfera trabalhista, a exceção dos acordos judiciais inaugurais que apenas por uma questão de ficção exacional e por compatibilidade com a processualística trabalhista, incidem e são cobradas de uma vez (e sem limite de contribuição, consoante a IN MPS/SRP n. 03/2005, art. 135, § 3º) ou até por competências futuras. Noutras palavras, na hipótese de não reconhecimento de vínculo trabalhista e quando não fizer parte da transação a indicação do período em que foram prestados os serviços aos quais se refere o valor pactuado, será adotada a competência referente à data da homologação de acordo, ou a data do pagamento, se esta anteceder àquela.

Interpretação não simplesmente pontual e literal restritiva, mas também sistemática, da própria Constituição Federal, denotam o acerto do regime legalizado. O dispositivo constitucional do art. 195, I, *a*, deve ser compatibilizado aos princípios do equilíbrio econômico e atuarial da previdência, da isonomia exacional-tributária, da moralidade e da repercussão prática — tal conjunção não consolida o crédito jurídico ao pagamento.

A lógica desta posição reside na percepção de que sob o aspecto contábil não se concebe a existência de um crédito, sem que também exista um débito correspondente. De igual modo, não se concebe que alguém tenha um crédito jurídico sem que outrem seja o devedor desta mesma prestação. Essa observação se coaduna ao sinalagmatismo da relação empregatícia e contributiva. O empregado é credor de salário porque prestou serviço; o empregador é devedor dele porque utilizou o labor daquele e ambos são devedores de contribuição social decorrentes dessa relação obrigacional.

Paulo Cesar Bária de Castilho[70] entende que:

> (...) a Lei Ordinária n. 8.212/91 "acrescentou" mais um momento para a realização do fato jurídico tributário[71], que não estava expressamente previsto

---

(70) CASTILHO, Paulo Cesar Bária de. Contribuições previdenciárias nas conciliações trabalhistas. *Revista Legislação do Trabalho*, São Paulo, LTr, ano 67, n. 01, p. 39-48, jan. 2003.

(71) Apesar de a terminologia adotada pelo citado autor (i.é: tributária) não ser no entender deste comentarista a mais correta, ao menos para os efeitos de análise, quais sejam: definição de fato gerador de exação

na Constituição, quando os rendimentos forem "devidos", independentemente de terem sido pagos ou creditados. Este "acréscimo", a nosso ver, não padece de qualquer vício de constitucionalidade. Isto porque antes de ser "creditado" (escriturado na contabilidade da empresa), é necessário que o crédito seja "devido". Trata-se de mera explicitação do texto constitucional e não um "alargamento" indevido do aspecto material da hipótese de incidência tributária.

Já Fábio Zambitte Ibrahim[72] examina o problema sob outro enfoque, conquanto extraia as mesmas consequências de constitucionalidade aqui defendidas. Chama atenção para a contribuição sobre salários *"devidos"*, alertando para distinção entre o salário de contribuição dos segurados empregados e trabalhadores avulsos (art. 28, I, da Lei n. 8.212/91) em relação ao salário de contribuição dos contribuintes individuais autônomos (art. 28, III):

> A última afirmativa é de grande alcance e possibilita a compreensão da expressão remuneração devida, quando mencionada como base imponível da contribuição patronal, somente em relação aos empregados e avulsos, além dos valores pagos e creditados. Os trabalhadores avulsos gozam das mesmas prerrogativas dos empregados (art. 7º, XXXIV, CR/88). De fato, aos obreiros não subordinados, é possível a renúncia aos valores devidos pela empresa (...) Já em relação aos trabalhadores subordinados, regidos pela CLT, a situação é outra. Destarte, é forçoso concluir pela irrenunciabilidade ao salário, por parte do empregado, sendo este sempre devido, haja vista a sua indisponibilidade. Por isso, a inclusão da expressão remuneração devida, pois o conceito de crédito jurídico do empregado é o mais amplo dos trabalhadores, em virtude da impossibilidade de renúncia a seu salário.

Ainda outro aspecto a enfraquecer a tese da inconstitucionalidade da expressão *devidos* é se verificar que, no art. 195, inciso I, *a*, da Constituição Federal, existe limitação da incidência de contribuição da empresa sobre os rendimentos do trabalho pagos ou creditados, mas no inciso II do mesmo artigo, que prevê a contribuição do segurado, a Constituição sequer diz qual será a base de incidência: se será sobre os rendimentos pagos, devidos ou creditados; nem mesmo diz que será sobre a folha de salários. Assim, num exame literal, a inconstitucionalidade arguida por esta tese poderia afetar apenas a contribuição da empresa, mas não a contribuição do segurado.

Por certo, não foi intenção do legislador constituinte estabelecer distinção dessa ordem, na medida em que oneraria mais os trabalhadores do que os empregadores.

---

contributiva social no âmbito trabalhista e seu critério de cálculo e acessórios. Aquela divergência não promove nenhum prejuízo a tais propósitos.

(72) IBRAHIM, Fábio Zambitte. *Curso de direito previdenciário.* 7. ed. Niterói: Impetus, 2006. p. 222.

E como se não bastasse, ainda podemos acrescer o aspecto prático de verdadeiro incentivo ao descumprimento exacional, gerando litigiosidade intencional e promovendo desinteresse prévio dos empregadores em geral em adimplir suas dívidas previdenciárias ou realizar parcelamentos no âmbito da administração federal (pela incidência de juros e multas), com a tese da inconstitucionalidade, porque sempre a postergação intencional do pagamento gera um efeito econômico mais proveitoso ao devedor. Até concorrência desleal entre empresários contribuintes pode-se obliquamente instigar. Aquele adimplente perde fluxo de caixa, enquanto aquele devedor contumaz possui maior margem de uso financeiro até posterior e eventual condenação sem acessórios, em função da equivocada inconstitucionalidade. No plano dos benefícios previdenciários, cria-se, ainda, com a adoção da inconstitucionalidade, temerário desamparo previdenciário aos obreiros que deixarão de contribuir nos importes paulatinos; ficando, invariavelmente, desassistidos quanto aos riscos do trabalho.

Note-se a existência de dois regimes incompatíveis: o legal, pelo critério de competência, que permite, por exemplo, manter-se a atividade administrativa da Receita Federal de parcelamentos e abono de pagamentos espontâneos com a imposição de juros e multas, desde o inadimplemento, considerado o momento da atividade laboral prestada e não repassada aos cofres públicos; e outro, implantado obliquamente por alguns tribunais do trabalho, adotando o regime de caixa, considerando sempre controversas as rubricas postas em discussão numa lide trabalhista, gerando condenações mais benéficas ao infrator. Tal interpretação, na prática, macula regramentos e ofende a isonomia entre contribuintes, inclusive beneficiando indistintamente aqueles querelantes ocasionais e os de manifesta má-fé. Além de sempre permitir vantagens indiretas a estes contribuintes que delongam ou recalcitram pagamentos em relação àqueles que são cumpridores pontuais de suas obrigações fiscais. Antes de tudo, demonstrado resta, no mínimo, a antipedagógica opção interpretativa!

Interpretação desta ordem, por consequência, não resiste ao princípio da unidade da Constituição, pelo qual as normas constitucionais devem ser analisadas de forma integrada e não isoladamente, evitando-se as contradições aparentemente existentes e eliminando aquelas realmente presentes.

4.3.3. Das conclusões

Pelo exposto, depreende-se, que:

a) as reclamatórias e as consignatórias trabalhistas têm por objeto uma relação jurídica cuja base material é a prestação de serviços pelo reclamante à reclamada durante um determinado lapso de tempo;

b) o ordenamento pátrio já define expressamente o fato gerador e o critério de cálculo de contribuição social decorrentes de acordos e sentenças trabalhistas, de modo unitário e coerente. Este amparo encontra-se tanto na própria Constituição Federal de 1988, especificamente nos arts. 114, VIII; 195, I, *a*, e II e 201, respectivamente, quanto em normas inferiores; seja complementar, no caso, a Lei n. 5.172/66 (CTN), nos arts.114; 116, I e 144, que, em síntese, definem o fato gerador e sua apuração, reportando-se à data de ocorrência da obrigação exacional que, por seu turno, se rege pela lei então vigente e, por fim, pela legislação ordinária nos arts. 20; 22; 28; 30, I, *b*; 35; 43, da Lei n. 8.212/91, que disciplina a aplicação do regime da competência em relação à incidência das contribuições previstas no art. 195, I, *a*, e II, da Constituição e; do § 4º do art. 879 da CLT, que impõem observância da legislação previdenciária na apuração das contribuições devidas à Seguridade Social.

c) racionaliza os efeitos práticos, evitando corrupção do sistema exacional-previdenciário porque obsta injustiça entre contribuintes na medida em que mantém isonomia entre empregadores e empregados; bloqueia litigiosidade intencional em face da vantagem incidentalmente proporcionada pela interpretação estanque e literal do judiciário trabalhista dos substratos normativos; inibe concorrência desleal entre empresas, prevenindo a ocorrência de enriquecimento ilícito atrelado ao descumprimento contributivo; afasta eventuais prejuízos que a não contribuição impetra ao segurando hipossuficiente ao longo e após a contratação. Uniformiza a compreensão do sistema jurídico, pois qualquer que venha a ser a forma de pagamento da contribuição previdenciária, fruto de determinação judicial trabalhista ou resultado de execução fiscal por crédito inscrito em dívida ativa na justiça federal, ou ainda, pagamento (integral ou parcelado) efetuado espontânea e administrativamente junto à Receita Federal do Brasil pelo contribuinte devedor, a qualquer deles, impõem-se as mesmas consequências, a título de incidência dos juros e multas decorrentes do inadimplemento da exação.

Tudo isso determina que o fato gerador das contribuições sociais é a prestação de serviços e, em caso de inadimplemento, os acessórios de praxe (juros e multas) serão devidos desde sua consumação. O que, aliás, mantém paralelo entre regimes de custeio e benefício, na medida em que o reclamante é segurado obrigatório da Previdência Social (RGPS) desde o início do labor.

4.4. Da prescrição e da decadência na cobrança de contribuições previdenciárias decorrentes de ações trabalhistas

4.4.1. Decadência e prescrição no ordenamento pátrio

De antemão, devemos afirmar que o decurso do tempo é inafastável ao estudo do (sub)tema objeto deste texto. Isto porque a dimensão do tempo se revela ou se manifesta no direito sob a forma de diversos institutos, tanto no campo material quanto processual. No campo substantivo se apresenta, sobretudo, pelos institutos da prescrição e da decadência.

Esse o ponto a ser enfrentado no presente capítulo. A polêmica configuração da decadência e da prescrição das contribuições sociais, decorrentes de ações trabalhistas. Antes, no entanto, cabe refletir sobre tais institutos no plano normativo geral.

Sabe-se que a prescrição promove a consecução de um interesse jurídico-social, a saber: proporcionar segurança às relações jurídicas. É instituto de ordem pública. Nesta direção, aliás, citamos o recente art. 219, § 5º da Lei n. 11.280/06 (alteração do Código de Processo Civil) no qual se demonstra a repercussão e a interferência estatal generalizada também quando da ocorrência da prescrição nas relações jurídicas. Nesta direção, uniformiza prescrição e decadência que passam, neste particular, a ter o mesmo tratamento.

O fenômeno prescritivo ocorre quando há perda da exigência da pretensão. Ou noutros termos, de acordo com Serpa Lopes[73], "o que se perde com a prescrição é o direito subjetivo de deduzir a pretensão em juízo, uma vez que a prescrição atinge a ação e não o direito". O titular do direito lesionado possui em mãos a faculdade de movimentar a máquina judiciária a fim de recompor seus interesses. Contudo, a situação de tutela de pretensão não se perpetua no tempo, mas com ele se degenera, ou seja, existe prazo para seu exercício, sob pena de incidir a prescrição, que surge como instituto cujo propósito é o de consolidar as relações interpessoais de cunho jurídico.

Dizer que a prescrição não atinge o direito em si, mas sua pretensão é dizer que seu titular pode vir a satisfazê-lo por outro meio. É admitir a preservação do direito, que pode ser recomposto, por exemplo, através da satisfação espontânea da pretensão. Por ser instituto de ordem pública, é formado por algumas características basilares, a saber:

a) a renúncia da prescrição só pode ser efetuada após decorrido todo seu prazo e se não houver prejuízo a terceiros;

b) as situações cujas prescrições se tem por imprescritíveis devem ser declaradas por lei;

c) seus prazos são peremptórios.

A consubstanciação do fenômeno da prescrição, por outro lado, cinge-se a alguns requisitos subsequentes: a violação de um direito subjetivo; o surgimento da pretensão do titular do direito agredido — a ser exercida por uma ação adequada; o escoamento do prazo prescricional sem causa suspensiva, interruptiva ou impeditiva de seu curso; e a inércia no curso temporal do titular da ação.

Há, de certo modo, uma particularidade "invertida" nos efeitos do instituto da prescrição. Referimo-nos à prescrição aquisitiva — que se revela quando os fatores de inércia e tempo vêm acompanhados de aquisição de direito real, embora não seja o caso do presente estudo.

---

(73) LOPES, Miguel Maria de Serpa. *Curso de direito civil*. 7. ed. Rio de Janeiro: Freitas Bastos, 1989. v. I, p. 474.

Os prazos prescricionais se bifurcam em ramos: ordinários (prazos gerais estabelecidos no Código Civil — arts. 205 e 206 do Código Civil) e especiais (estabelecidos casuisticamente). Existem ainda as ações imprescritíveis, aquelas que, por natureza, não se submetem a prazos para serem propostas ou exercidas. Denominam-se "ações imprescritíveis".

A doutrina clássica consagrou dois reconhecidos critérios científicos para análise dos institutos de prescrição e decadência: o critério de Câmara Leal e o de Agnelo Amorim Filho.

Até a promulgação da Lei n. 10.406/02 (Novo Código Civil), foi indispensável o entendimento e a adoção de tais critérios porque nosso ordenamento, salvo no Código de Proteção e Defesa do Consumidor (Lei n. 8.078/90), não trazia diferenciação segura ou taxativa entre os dois institutos.

Em lacônica síntese podemos externar que o critério de Câmara Leal se baseia na distinção da origem da ação. Cita-se para isso o professor Sílvio Rodrigues quando afirma:

I. a prescrição supõe uma ação cuja origem é distinta da origem do direito, tendo, por isso, um nascimento posterior ao nascimento do direito;

II. a decadência supõe uma ação, cuja origem é idêntica à origem do direito, sendo, por isso, simultâneo o nascimento de ambas[74].

Já pelo segundo doutrinador, Agnelo Amorim Filho[75], conclui-se, basicamente, que a prescrição só inicia seu curso a partir da violação do direito, o qual se atrela, por sua vez, a uma respectiva ação. Donde se extrai o corolário de que toda ação de cunho condenatório estaria sujeita à prescrição; a de natureza declaratória seria imprescritível; e, por fim, a constitutiva, que teria prazo definido em lei e estaria sujeita à decadência.

No que compete especificamente à decadência, vale ressaltar que também possui origem do fato jurídico ordinário — tempo. Entretanto, na decadência, o fator tempo extingue o próprio direito do titular, caso ele não o exerça no lapso temporal determinado. É a perda do próprio direito em decorrência do decurso do tempo somado à inércia do titular, que não o exerceu oportunamente.

Ao contrário da prescrição, o prazo decadencial pode ser estabelecido também pela vontade das partes. Explique-se: caso a decadência de um determinado direito decorra de lei, o interessado não pode renunciá-la; porém, se decorrer da vontade das partes, torna-se renunciável, quando decorrido o prazo estabelecido.

---

(74) RODRIGUES, Sílvio. *Direito civil: direito das coisas*. São Paulo: Saraiva, 1995. p. 320 e ss.
(75) AMORIM FILHO, Agnelo. Critério científico para distinguir a prescrição da decadência e para identificar as ações imprescritíveis. *Revista dos Tribunais*, São paulo: RT, 300/7, 1961.

Poderíamos, doravante, enumerar uma série de distinções entre os institutos tratados posto que a doutrina mostra-se abundante, mas haveremos de nos limitar apenas a algumas que julgamos principais: o direito caduca e a pretensão prescreve; a decadência supõe um direito em potência, a prescrição requer um direito já exercido pelo titular, mas que tenha sofrido uma obstaculização, dando origem à violação daquele.

Outra diferença tradicional, balizada nas escolas italianas e francesas, embora hoje, senão superada, decerto mitigada pelo Código Consumerista, é a admissão de suspensão e interrupção dos prazos apenas para a prescrição, negando-as à decadência. Afirmamos enfraquecida, devido à flexibilização promovida pelas novas correntes doutrinárias acerca desta característica e adotada entre nós, ilustrativamente, na citada Lei n. 8.078/90.

Por derradeiro, a nosso ver, a postura adotada pelo legislador na nova consolidação civil (Lei n. 10.406/02) demonstrou maturidade, senão doutrinária, pragmática; ultimando quaisquer dúvidas sobre os institutos na medida em que foi expresso (ou taxativo) na apresentação das ideias e características que os circunscrevem, de sorte a tornar seu posicionamento no ordenamento mais objetivo, categorizando situações que, num passado próximo, ainda promoviam bastante insegurança entre os jurisdicionados.

4.4.2. Decadência e prescrição aplicadas ao subsistema de arrecadação contributivo-previdenciário-trabalhista

A partir de agora, o tema se volta para a aplicação dos institutos da caducidade e da prescrição ao subsistema de arrecadação da contribuição social de alçada trabalhista. Frente ao texto legal interdisciplinar processual-contributivo-social, conforme art. 28, I e arts. 35 e 43 da Lei n. 8.212/91, a remuneração paga, devida ou creditada, correspondente à prestação de serviço, gera a obrigação de recolher a contribuição social, a partir de determinada data, sob pena de, não se cumprindo no prazo estabelecido, ser exigida coercitivamente.

Só que, na prática, nem sempre o ente encarregado de cobrar a exação vem a saber (ou tem como saber) que foi praticado o ato previsto como hábil a ser submetido à exação. Por isso, o sistema de contribuição, a exemplo do direito tributário, vislumbra dois momentos distintos e correlatos a esse fenômeno: primeiro, nasce a obrigação; segundo, nasce o crédito do ente fiscal. Como se trata de um evento exacional, não basta que o comportamento do sujeito passivo se enquadre na hipótese de incidência, configurando o fato gerador, mas que também alguém competente instaure procedimento capaz de submetê-lo ao constrangimento da cobrança, denominado na órbita tributária de "lançamento" que, conforme vimos, cria o crédito exacional respectivo à obrigação do contribuinte. Constata-se, portanto, que, entre a ocorrência do fato gerador e o lançamento do crédito, há um interstício, que é limitado no tempo. Se a autoridade responsável não pratica o lançamento do crédito exacional no espaço temporal previsto, caduca seu direito, pois precluiu seu prazo. Se isso é assim na sistemática tributária estrita ou pura, também o é na exacional-contributiva, por simples questão de segurança e estabilidade social.

Nas palavras de Paulo de Barros Carvalho[76]:

> A decadência ou caducidade é tida como fato jurídico que faz perecer um direito pelo seu não exercício durante certo lapso de tempo. Para que as relações jurídicas não permaneçam indefinidamente, o sistema positivo estipula certo período a fim de que os titulares de direitos subjetivos realizem os atos necessários à sua preservação, e perante a inércia manifestada pelo interessado, deixando fluir o tempo, fulmina a existência do direito, decretando--lhe a extinção. Paralelamente, somos levados a concluir que a Fazenda Pública, que tem o dever-poder de formalizar o crédito, ver-se-ia liberada desse encargo com o decurso do tempo, isto é, acontecendo o fato jurídico da caducidade. O paradoxo é incontornável.

Sacha Calmon Navarro Coelho[77], assim situa o instituto da decadência:

> Os atos jurídicos sujeitados a tempo certo, se não praticados, precluem. Os direitos, se não exercidos no prazo assinalado aos seus titulares pela lei, caducam ou decaem. As ações judiciais, quando não propostas no espaço de tempo prefixado legalmente, prescrevem. Se um direito, para aperfeiçoar-se, depende de um ato jurídico que não é praticado (preclusão), acaba por perecer (caducidade ou decadência)...

Indistintamente, tributos e contribuições submetem-se aos institutos de decadência e prescrição. O instituto da decadência não se baseia numa renúncia da Fazenda Pública — porquanto a obrigação exacional-tributária seja indisponível —, mas na necessidade de se resguardar o contribuinte da incerteza e instabilidade das relações econômicas. Assim, há um prazo máximo para o fisco agir contra seus devedores, praticando o ato jurídico do lançamento, ou, em outras palavras, para a constituição do crédito. Passado o prazo, a Fazenda decai de seu direito, operando-se a extinção do crédito exacional ou tributário.

Para a observância e correta aplicação dos prazos da decadência e da prescrição, no caso das execuções fiscais trabalhistas, mister se faz a compreensão da modalidade análoga ao "lançamento por homologação" (art. 150, CTN), já que as contribuições sociais arrecadadas pela SRFB, pela sua natureza *sui generis* e complexa, parecem se sujeitar a essa modalidade.

Entende-se por homologação o tipo de lançamento dirigido aos tributos cuja legislação confia ao sujeito passivo o dever de antecipar o pagamento sem prévio exame. A constatação do crédito é imposição de iniciativa do contribuinte, que se denunciou e já adiantou o tributo que concebera devido. Assim, justamente porque a pessoa obrigada a recolher o tributo pode descumprir o dever de antecipar o seu pagamento; o art. 150

---

(76) CARVALHO, Paulo de Barros. *Curso de direito tributário*. 13. ed. São Paulo: Saraiva, 2000. p. 459-460.
(77) COELHO, Sacha Calmon Navarro. *Curso de direito tributário brasileiro*. 6. ed. Rio de Janeiro: Forense, 2001. p. 719-720.

do CTN determina que a autoridade administrativa deverá tomar "conhecimento da atividade assim exercida pelo obrigado". Como os particulares não podem ficar indefinidamente à mercê da atuação estatal, impõem-se ao fisco um prazo limitado para proceder ao exame da conduta do sujeito passivo. Por tal razão, determina-se que, se a lei não fixar prazo à homologação, será ele de cinco anos, a contar da ocorrência do fato gerador. Uma vez expirado tal prazo, sem que a Fazenda Pública tenha se pronunciado, considera-se homologado o lançamento e definitivamente extinto o crédito, salvo se comprovada a ocorrência de dolo, fraude ou simulação. Para melhor visualização do tema, destacamos o art. 150, *caput* e § 4º, do Código Tributário Nacional que impõe:

> O lançamento por homologação, que ocorre quanto aos tributos cuja legislação atribua ao sujeito passivo o dever de antecipar o pagamento sem prévio exame da autoridade administrativa, opera-se pelo ato em que a referida autoridade, tomando conhecimento da atividade assim exercida pelo obrigado, expressamente a homologa.
>
> (...)
>
> § 4º Se a lei não fixar prazo à homologação, será ele de 5 (cinco) anos, a contar da ocorrência do fato gerador; expirado esse prazo sem que a Fazenda Pública se tenha pronunciado, considera-se homologado o lançamento e definitivamente extinto o crédito, salvo se comprovada a ocorrência de dolo, fraude ou simulação.

Dessa forma, a decadência do poder-dever de constituir o crédito tributário se rege pelo art. 150, § 4º, do CTN, que estabelece como termo inicial para a fluência de prazo a ocorrência do fato gerador. A incidência dessa regra supõe, evidentemente, como se explicou, hipótese típica de "lançamento por homologação", isto é, situação em que ocorre o pagamento antecipado da exação. Se o pagamento da exação não se perfizer naturalmente por antecipação e acaso seja constatada a sua omissão, já não será caso de lançamento por homologação. Configurar-se-á a hipótese em que a constituição do crédito tributário deverá observar o disposto no art. 173, inciso I, do CTN, no qual o termo inicial do prazo será o primeiro dia do exercício seguinte àquele em que o lançamento poderia ter sido efetuado. Resta, pois, a indagação: quando é que o lançamento deveria ter sido efetuado?

Registre-se que a ressalva disposta na parte final do § 4º do art. 150 do CTN constitui objeto de dissensão entre os doutrinadores pátrios. No entanto, destaca-se o entendimento dominante e acolhido pela doutrina perfilhada por Paulo de Barros Carvalho, Fábio Fanucchi, Schubert de Farias Machado, entre outros, na forma expressa a seguir por Sacha Calmon Navarro Coelho, que tomamos por paradigma:

> Então fica assentado que o quinquênio decadencial para homologar, com o dies *a quo* fixado na data da ocorrência do fato gerador da obrigação, só opera quando houver pagamento de boa-fé, certo ou errado. Quando ocorre dolo, com a meta de fraudar ou simular, *o dies a quo* se desloca para o primeiro dia do exercício seguinte àquele que o lançamento *ex officio* poderia ter sido efetuado.[78]

---

(78) COELHO, Sacha Calmon Navarro. *Liminares e depósitos antes do lançamento por homologação — decadência e prescrição*. São Paulo: Dialética, 2000. p. 113-115.

Considera-se inadmissível, diante da interpretação sistemática do CTN, entender-se que esse lançamento poderia ser feito a qualquer tempo. Resta consolidada, pois, a tese da necessidade de prévio conhecimento do fato pela Fazenda Pública, em face do princípio geral de direito, segundo o qual o prazo não corre contra quem ignora o fato que dá origem ao direito de agir. Para fluência do tempo, indaga-se: houve inércia do fisco? Se a resposta for positiva, como corolário, ocorrerá o decurso da caducidade. A fluência do prazo, por conseguinte, apenas ocorre com a disponibilização ao fisco dos elementos que lhe possibilitem ter o conhecimento do fato. Não nos parece razoável transferir condutas de lesa-pátria à assunção do Estado, condutas fraudulentas, carreando danos sociais, sobretudo aos hipossuficientes vinculados e que deveriam ser tutelados, além de inúmeros efeitos econômicos e jurídicos indesejáveis, tais como a concorrência desleal ou a litigiosidade intencional. Compreensão mais ortodoxa, a pretexto de sistemática, que temerariamente propale o poder-dever do Estado na fiscalização como responsável absoluto pela omissão, em tese; reconhecendo a decadência desde o fato gerador (ocultado) é optar, na prática, pela transferência de riscos socioeconômicos e acentuar a evasão fiscal. Ainda se admitindo hipoteticamente possível ou viável a fiscalização (genérica) do ente público sobre empresas formalizadas — o que dizer, só para citar alguns exemplos, sobre a responsabilidade fiscalizadora geral a ser empregada aos autônomos (contratantes e contratados) e, melhor ainda, aos empregados domésticos? Por absurdo, portanto, exclui-se tal interpretação.

Ante o exposto, um detalhe deve ser pontuado: a atividade de formalização do crédito exacional, exercida pelo Juízo Trabalhista, é meramente declaratória de obrigação tributária preexistente, que se originou com a ocorrência do fato gerador, ou seja, com a aquisição do direito subjetivo à remuneração, em decorrência da prestação do serviço e cujo cumprimento, pagamento da contribuição previdenciária devida, não foi efetuado pelo sujeito passivo (empregador) na época própria. Em tais hipóteses, não se poderá açodadamente afirmar, com fito evasivo, então, que a incidência de contribuição social sobre a prestação de serviço ora reconhecida judicialmente (vínculo empregatício), propiciado pelo ajuizamento de ação trabalhista, pudesse restar total ou parcialmente deteriorada pelo tempo, porquanto constatada realização do labor até a declaração judicial. Essa compreensão, como se viu, rompe com a estrutura contributiva da previdência social e se equipara, no mínimo, à omissão ou, mais precisamente, à situação descrita e ressalvada no § 4º (parte final) do art. 150 do Código Tributário Nacional: dolo, fraude ou simulação. Em circunstâncias tais, contrariamente, não há falha ou inércia da administração, mas manifesta conduta omissivo-fraudulenta do contribuinte ou responsável tributário. Não há que se cogitar de início de fluência de qualquer prazo até conhecimento efetivo da ilegalidade pelo ente público.

Diante de uma relação entre empregado e patrão, que até a decisão trabalhista era obscurecida pela conduta do empregador faltoso, a Fazenda Pública não tinha como efetuar o lançamento, pois os próprios sujeitos passivos, por motivações diversas, utilizaram-se de artifícios para omitir, ou seja, tornar desconhecida pela Fazenda Pública, a situação fática. Nesse contexto e de qualquer forma, em se considerando a hipótese de omissão, erro ou prática de algum ato ilícito, por parte da pessoa obrigada a prestar declarações ou a proceder ao recolhimento antecipado do tributo, a consequência legal será a mesma, na forma da argumentação legal e doutrinária expendida, ou seja, o termo inicial do prazo desloca-se para o primeiro dia do exercício seguinte àquele em que o lançamento poderia ter sido efetuado. Após, então, o conhecimento do fato jurídico pelo sujeito ativo da exação.

Note-se que o próprio regulamento da Previdência Social, em seu art. 348, § 2º, assim determina no art. 348 (...), § 2º, *verbis*: "Na hipótese de ocorrência de dolo, fraude ou simulação, a seguridade social pode, a qualquer tempo, apurar e constituir seus créditos".

Tratando-se de crédito exacional, decorrente de uma lide trabalhista, deve-se considerar o termo inicial de fluência do prazo decadencial para constituição do respectivo crédito ("lançamento") a notificação válida à União; enquanto o prazo prescritivo escoa do trânsito em julgado da decisão judicial trabalhista, cognitiva ou homologatória de acordo, líquida ou liquidada, quer dizer, a partir da circunscrição do crédito do reclamante, oportunidade na qual serão conhecidos os títulos ou direitos definitivos do autor (reclamante) e estarão reunidos e disponibilizados nos autos judiciais, com todos os elementos necessários à apuração do crédito, dando-se conhecimento ao credor.

Correspondendo a prescrição à perda do direito de ação do fisco em virtude do decurso do tempo, somente a partir da constituição definitiva do crédito tributário fluiria o prazo prescricional de sua pretensão. Ocorre que, no caso de execução fiscal trabalhista, haja vista a competência de ofício constitucionalmente atribuída ao juiz do trabalho, para executar as contribuições decorrentes de suas decisões, a aplicação prática do instituto da prescrição é praticamente inexistente, já que, lançada a contribuição previdenciária devida, uma vez não satisfeita a obrigação pelo empregador (reclamado), instaura-se de ofício a execução fiscal, nos próprios autos judiciais da lide trabalhista, através de simples comando judicial de expedição de mandado de citação e penhora. O crédito exacional (contribuição social ou previdenciária), decorrente de decisão proferida em processo judicial trabalhista, portanto, não necessita de inscrição em Dívida Ativa e ajuizamento de ação de execução fiscal, como outrora era proposto na Justiça Federal, antes do advento da Emenda Constitucional n. 20/98. Desnecessário, portanto, descrever a evolução legislativa dos prazos de prescrição das contribuições previdenciárias, de acordo com o entendimento hoje predominante de sua natureza jurídica ou da própria natureza jurídica do instituto do lançamento, apesar das ressalvas deste autor.

Deve-se pontuar, inclusive por recentes dispositivos normativos, a exemplo da nova redação do art. 43 da lei de custeio, alterado pela Lei n. 11.941/09, que cristaliza aplicação do regime de cômputo contributivo por competência, indistintamente às verbas rescisórias e às decorrentes de vínculos clandestinos, porventura reconhecidos e declarados devidos, garantindo, deste modo, a manutenção sistemático-interpretativa (unitária) do subsistema arrecadatório específico e, aqui, dirigido na perspectiva da prescrição e da decadência, a configurar coincidência às consequências do subsistema já dogmatizado (tributário) e instrumentalizado, como se depreende.

Pelo exposto, conclui-se que sempre que o empregador se omitir ou praticar qualquer artifício para obscurecer os direitos do empregado ou embaraçar a Fazenda Pública; não cumprindo obrigações principais ou acessórias, deixando, por exemplo, de reconhecer o vínculo empregatício existente pela ausência da anotação em Carteira de Trabalho e Previdência Social — CTPS, ou pelo não registro em fichas ou livros apropriados, ou pela não contabilização dos fatos jurídico-tributários, descumprindo obrigações intrínsecas à atividade exercida como, ainda, a não apresentação da Guia de Recolhimento do Fundo de Garantia do Tempo de Serviço e Informações à Previdência Social (GFIP), o termo inicial da decadência é diferido para o momento em que ocorrer ciência à União do fato gerador ocultado. Isso porque a conduta praticada pelos contratantes (empregadores e/ou empregados) enquadra-se como omissão, ou mais precisamente como ocultação dolosa, fraudulenta ou simulada (§ 4º do art. 150 do CTN), e, nessa circunstância, o sujeito ativo do crédito somente poderá exercer o seu direito potestativo de constituir o título jurídico de exigência da exação — "lançamento" — a partir do momento em que a situação que deu causa à sonegação tornar-se definitivamente conhecida.

Registre-se que tal interpretação consolida convergência ao subsistema de arrecadação aqui sumariamente modelado, sem interferir na Súmula n 08/2008[79] do C. STF, na medida em que continua absolutamente válida e aplicável em todo o seu conteúdo e alcance. O motivo é simples e traz consigo verdadeiro trocadilho: a discussão perpassa ao seu largo. Noutras palavras: a questão é responder o "quando" se inicia a consumação do tempo e não "quanto" é o tempo de consumação.

5. Considerações finais

Diante de todo o exposto, verificamos que o "sistema exacional" é mais amplo e rigorosamente compreende o próprio "sistema tributário". Entretanto, a predominância de receitas derivadas na forma de tributos, possivelmente, criou e generalizou subsistemas jurídicos, plasmados nessas últimas modalidades de exação. Isso gerou confusão e impropriedade entre institutos jurídicos como parece ser o caso da contribuição social.

A necessidade de segurança jurídica e o desenvolvimento mais incisivo do ramo jurídico vinculado à tributação aprisionaram a fenomenologia exacional de maneira a caracterizá-la como mais uma espécie de tributo — o que levou a dogmática e boa

---

(79) A Súmula Vinculante n. 8/2008 do Supremo Tribunal Federal define que são inconstitucionais o parágrafo único do art. 5º do Decreto-lei n. 1.569/1977 e os arts. 45 e 46 da Lei n. 8.212/1991, que tratam de prescrição e decadência de créditos tributários. Tal súmula cristaliza-se em função dos precedentes: RE n. 560.626; RE n. 556.664; RE n. 559.882; RE n. 559.943; RE n. 106.217 e RE n. 138.284. Rege-se, por consequência, também às contribuições sociais o tempo de 5 (cinco) anos para fulminar o direito e outros 5 (cinco) do lançamento para sua efetiva cobrança.

parte da doutrina a recepcionar identidade e efeitos não perfeitamente existentes. É bem verdade que existe marcante perfil tributário na contribuição previdenciária, mas não apenas este. Talvez, de acordo com os estudos desenvolvidos, a melhor concepção do instituto seja reconhecê-lo na sua pluralidade de perspectivas, o que consiste em perceber o fenômeno exacional da contribuição social (e em particular a previdenciária) como modalidade *sui generis* de exação. Sua natureza jurídica é múltipla e ressonante, espelhando variadas feições, ora estampando autêntica tributação (imposto), ora caracteres de índole parafiscal, ora, ainda, elementos diferenciados e exclusivos. A tendência de simplificação, por vezes adotada tanto pela dogmática quanto pela jurisprudência, aprisionando o fenômeno em tela, a pretexto de preservar a segurança, provoca mais insegurança à medida que legitima recusa dos contribuintes ao cumprimento espontâneo, além de contribuir para a desconexão orgânica do direito posto. Essa desagregação é dupla, pois tanto fragiliza a lógica e a coerência do ordenamento jurídico (elemento normativo) quanto corrompe a prática socioeconômica, porquanto gera consequências diferenciadas e privilegiadas, justo aos infratores e criminosos exacionais, mostrando-se altamente danosa à coletividade.

A tentativa acostada nesta obra visou resgatar a legitimidade da exação estatal, reconhecendo-se a complexidade dos fenômenos sociojurídicos e econômicos vivenciados, partindo-se basicamente da natureza jurídica das contribuições sociais e delas se parametrizando, não somente as responsabilidades, mas, principalmente, as finalidades prefixadas e uniformizadas, a serem alcançadas com as verbas coletadas, destacando-se sua característica vinculativa, ponto máximo de segurança e inibição de ingerências políticas.

Também no mesmo propósito se pontuou a necessidade de deliberação acerca de elementos axiológicos a serem perquiridos pela sociedade, privilegiando as contribuições previdenciárias em função de sua marcante constituição retributivo-humanista. Quanto ao *modus operandi*, defendeu-se o dialético-procedimental, segundo abordagens dos capítulos primeiro e segundo desta obra.

Nesta mesma óptica, subsumiu-se a realidade da coleta de contribuição previdenciária operada pela Justiça do Trabalho (fatos jurídicos) à aplicação dos regramentos ou axiomas ensaiados antes, isto é, à teorização normativa, constatando-se, na prática, a fragilidade de alguns julgamentos de tribunais regionais (TRT6) e mesmo de sobredireito (STF), em assuntos afetos ao tema da contribuição previdenciária na órbita previdenciário-trabalhista. Ilustrativamente, questões como competência da Justiça do Trabalho; limite e alcance de julgados; critério de cálculo de contribuição previdenciária; prescrição e decadência foram desenvolvidas, tencionando demonstrar a incoerência do ordenamento e de algumas interpretações jurisprudenciais resistentes e irresolutamente sedimentadas. Temas desenvolvidos nos capítulos terceiro e quarto.

Aspectos de desconexão do ordenamento jurídico-exacional, no particular, foram enfrentados, comprovando a inadequação da categorização jurídica dogmatizada à contribuição social. O exemplo da criação de ficções nos acordos prévios realizados na Justiça do Trabalho, problematizando o regime de competência adstrito aos cálculos previdenciários; a mitigação e mesmo a criação de exceções a princípios e normatizações tributários, que se moldaram para justificar a contribuição social como espécime de tributação, também denotam conclusões semelhantes.

Nesta mesma linha de raciocínio, a despeito do imperioso e vocacionado papel da Justiça Laboral em coletar exações, sobretudo quando comparada ao anacronismo prolixo e vexatório do rito encampado na Lei n. 6.830/80, ainda assim, esta modificação de competência se apresentou incompleta, falha e abrupta, porquanto diagnosticadas inúmeras decorrências fragilizadoras de sua atuação; fomentando-se verdadeira precariedade sistemática, abaixo relatada, a se exigir, portanto, (re)propositura orgânico-exacional:

a) o princípio da anterioridade nonagesimal, excepcionando a regra geral dos demais tributos;

b) diferentemente dos impostos, as contribuições sociais, conquanto aconselhável, não obedecem necessariamente ao princípio da capacidade contributiva, assim como, diversamente, podem possuir mesma base de cálculo de imposto, não configurando *bis in idem;*

c) desvinculação de receitas de contribuições sociais para outras áreas ou fundos ainda existentes, implicando violação dos desígnios do instituto;

d) a ocorrência de desnaturação de rubricas de incidência de contribuição previdenciária, flutuando parcelas salariais e indenizatórias, como o "décimo terceiro salário" e o "aviso prévio indenizado", que são encampados como verbas componentes do salário de contribuição, revelando outra ficção injustificável;

e) imbróglios e diversidades processuais também foram percebidos, a exemplo da indefinida posição da União (SRBF/INSS) no feito e as diferenciadas mecânicas processuais realizadas nas varas trabalhistas de todo o País. Frise-se, no entanto, que a superação da hermeticidade de cunho formal que comprometa a finalidade do instrumento faz-se necessária, pois circunstâncias de contorno, ainda que minimizadas, decerto, estarão presentes, mesmo se racionalizados os procedimentos, em função da implantação de uma ritualística arrecadatória exclusiva;

f) a separação de Poderes não pode ser invocada para justificar o afastamento do papel administrativo do magistrado, na concretização do crédito previdenciário. Assim se faz em várias situações, a exemplo das custas judiciais. Até porque a contribuição social, como se constatou, sequer representa tributo típico, mas exação *sui generis*. A dinâmica ressonante entre Poderes do Estado parece uma tendência, mormente para garantir cumprimento de objetivos meritórios sociojurídicos e econômicos irrepreensíveis, difundindo-se entre normas, ritos e conteúdos decisórios;

g) verdadeiros embaraços recursais à União ainda permanecem a exigir solução processual, em casos de acordos realizados diretamente nos tribunais regionais, diante da ausência de recurso típico e amplo ao ente público nessas hipóteses, suprimindo instâncias e o duplo grau de jurisdição;

h) proferimento de sentença trabalhista sem discriminação explícita das verbas componentes da base de cálculo da exação contributiva e concomitante procrastinação de citação/intimação à União, apenas para fase executiva do feito, prorrogando a discussão dos critérios de cálculos dessas verbas, trazendo danos à dialeticidade e à ampla defesa, na medida em que tal dilação à fase executiva bloqueará questionamentos recursais de fundo legal à apreciação de tribunais superiores, em virtude de seus pressupostos extrínsecos e intrínsecos excepcionais, porquanto mais amplos na fase de conhecimento;

i) existência de interpretações jurisprudenciais e mesmo súmulas inconciliáveis com a legislação posta, a exemplo dos §§ 2º e 3º do art. 43 da Lei n. 8.212/91 e o regime de cálculo fixado pela Súmula 14 do E. TRT6; e ainda o conflito do art. 876, parágrafo único, da CLT, com a Súmula 368 do TST, inclusive, de certo modo, revigorado com o julgamento do RE n. 569.056/PA do STF. (capítulo quarto, item 4.3);

j) questionável papel da Lei n. 11.457/07 (super-receita) que, visando unificar e organizar os créditos públicos num só órgão federal, criou um descompasso às vultosas execuções já em curso, na medida em que, praticamente, permitiu uma anistia geral implícita, em face da transição mal planejada que negligenciou o *know how* da Procuradoria Geral Federal e não repassou condigna e atempada estrutura física e humana à Procuradoria da Fazenda Nacional, para realizar nova atribuição assumida. Dezenas de milhares de processos tributários em curso na justiça, muitos dos quais em fase adiantada, portanto, encontram-se estagnados e em sucessiva prescrição, em face da normatização e da ausência de transição aqui criticadas;

k) ainda sobre a já citada Lei n. 11.457/07, vale frisar que mesmo sua consistência, entenda-se, validade jurídica, mostra-se duvidosa. Isso porque sua criação representou clara centralização sobre atividades marcantemente descentralizadas. Ofendeu, portanto, a própria razão de ser da autarquia previdenciária. Os gerenciamentos financeiros, fiscalizatórios e arrecadatórios foram repassados à União. Impactos de controle e interferência são, por conseguinte, indiscutíveis. Até que ponto tais medidas não corromperam as atividades e a autonomia do Instituto Nacional do Seguro Social? O desenvolvimento de programa de integração e unidade de banco de dados entre órgãos e instituições públicas não seria medida eficaz, suficiente para afastar a justificativa da própria lei criada?

l) o criticável intuito governamental de promover ajustes fiscais, pela via dos consecutivos programas de recuperações fiscais (REFIS/PAES/PAEX), vem se revelando procrastinações impagáveis, convertendo-se, a bem da verdade, em estímulo à sonegação. Aliás, nesse particular, pior ainda, constatar-se que a mera inclusão em programas de parcelamento já descaracteriza não apenas ilícitos tentados, mas até mesmo, crimes fiscais consumados, desprestigiando esforços públicos empreendidos de caracterização e responsabilização criminosas e expedindo gastos, ao final, inóquos. Tudo isso afora a duvidosa política de remissões e isenções usualmente concedidas;

m) verificam-se repetições de equívocos e precariedade de medidas tomadas pelos agentes públicos. Costumam se iniciar no Poder Legislativo, passando ao Executivo e finalizar no Judiciário. Isso aconteceu, senão no mérito, decerto na forma, com a Emenda Constitucional n. 20/1988 e a Lei n. 10.035/00, afora as sucessivas alterações na lei de custeio da previdência e inúmeros atos normativos secundários, repassando à Justiça do Trabalho uma missão inovadora, de cunho arrecadatório, de modo inesperado. Questões de fundo político foram misturadas a problemas tópicos da sociedade. Na ocasião, a queda de serviços prestados pela Justiça Trabalhista, sem mais justificar toda sua estrutura, em função da circunstância de altos índices de desemprego e da redução de conflitos trabalhistas formais (clássicos), verificados pela mudança das contratações na época, junto ao problema tópico de arrecadar de forma mais célere contribuições previdenciárias advindas das relações de trabalho, serviram de mote às alterações citadas, conquanto levadas a cabo também de modo abrupto e contingencial. Afora toda rotina jurídica (material e adjetiva) ainda hoje sobremodo problematizada, houve destacado aspecto cognitivo alterado: juízes que nunca atuaram com matéria de tributação passaram a fazê-lo de imediato, sem qualquer preparação, tornando a especialização uma falácia. Não é de surpreender que decisões das mais altas cortes judiciais aparentem tantos desacertos sucessivos. Foi também em combate a essa precarização o viés deste texto;

n) a tentativa de estudos alienígenas (direito comparado) demonstrou que conceitos e circunstâncias atinentes à tributação extrapolam considerações de mera comparação legislativa, pois exigem vivência maior: contextos sociais, políticos, econômicos, culturais, além de revelarem que as já citadas estruturas conceituais — tributo, imposto, contribuição social, princípios tributários, etc. — não se subsumem a qualquer ordem de lógica jurídica, porém, retratam fixação de cunho dogmático, fruto, pois, de opção político-legislativa. Adicionadas a essa dificuldade, ainda neste particular, as estatísticas costumam se mostrar muito específicas para cada Estado (país), abrangendo institutos e contextos nem sempre bem delimitados, de sorte a impedir uma correlação segura, o que termina por inviabilizar uma perfeita analogia, comprometendo, em última instância, a cientificidade dos estudos, resultando em indeterminação. Por esta razão, as principais ilações conclusivas limitaram-se a teorizações comparativas pontuais, submetidas a fomento e a intelecções internas, resultantes de análise de dados, construções de tabelas, dirigindo-se e comparando algumas das incógnitas reconhecidas como essenciais aos fenômenos estudados, etc. (capítulo primeiro, item 1.2; capítulo segundo, item 2.1; anexos A e B);

o) a importância da conjunção entre prática (atos e fatos naturais e sociais vivenciados pela sociedade) e teoria (doutrina e jurídico-regulamentadora) revela-se indispensável, porquanto o direito possua como papel precípuo servir-se como instrumento de pacificação. Não lhe sendo, por isso, justificável conviver no plano meramente abstrato, a não ser em circunstâncias pontuais e de desenvolvimento acadêmico e intelectivo que vise a uma aplicação subsequente. E, ainda assim, se for a hipótese, retomando, quando possível, à associação de valia concreta, sua real propensão.

Decerto, muitas das respostas aos itens acima, sobretudo de cunho tecnojurídico, partem pelo reconhecimento da conformação de um sistema exacional particular e autônomo, contemplando às contribuições previdenciárias. A negação de sua distinção, de sua especificidade, de sua real identificação, plasmada e atualmente dogmatizada como mera "tributação", gera descompassos somente aparentemente resolvidos e de forma precária, infiltrando ficções, exceções e temperamentos como se comprovou.

A percepção da contribuição previdenciária como um instituto complexo, a ser definido de modo exclusivo e dinâmico; o estabelecimento apriorístico de seu papel na sua função legitimadora no Estado; a fixação definitiva e uniforme de seu critério de cálculo, sobretudo na seara trabalhista, cumprindo-se os desígnios categorizados no ordenamento, a exemplo do critério legal de competência e incidência de acessórios desde o inadimplemento do fato gerador da exação, que é a atividade econômico-laboral prestada; o reconhecimento da competência da Justiça do Trabalho, para executar vínculos clandestinos declarados em suas sentenças e acordos, defendendo-se a racionalidade procedimental e a constitucionalidade de inúmeros dispositivos das leis de custeio e consolidadas trabalhistas, a exemplo do art. 876, parágrafo único da CLT, consubstanciando-se a ampla defesa, se fosse o caso, por simples dilação na etapa processual trabalhista; a imposição de estrito cumprimento pelas empresas devedoras das obrigações acessórias, como preenchimento de guias (GPSs e GFIPs) e registro de dados; enfim, a adoção de medidas de racionalização, enfatizando a unidade e a coerência do ordenamento jurídico e seu indissociável relacionamento com o mundo prático, condutas a restabelecer nexo entre fatos e normas são objetivos a serem efetiva e sucessivamente cumpridos.

Não podemos olvidar que análises quantitativas e qualitativas de sucessivas leis orçamentárias foram feitas e declinaram o forte impacto que o gerenciamento previdenciário brasileiro terá na estabilidade de sua sociedade, em futuro próximo, exigindo-se, desta feita, esforços no propósito de recomposição e sustentabilidade do fundo previdenciário. E, apesar dessa verificação, notamos, em sentido oposto, ainda, na própria jurisprudência, assistematicidade jurídica, contribuindo para acentuar esse problema, hipótese comprovada pelo estudo das coletas — fruto de transações ou imposições sentenciais — efetuadas nos últimos anos pelos diversos tribunais do trabalho — destacando-se as diferentes proporções relativas de rubricas dirigidas aos reclamantes (verbas alimentares imediatas) e àquelas repassadas ao fundo previdenciário (verbas assecuratórias mediatas), demonstrando, além de peculiaridades regionais, ausência de unidade e mesmo falhas, tanto nas práticas realizadas, quanto nas teorias fundamentadoras da arrecadação exacional, provocando, com isso tudo, temerário estímulo à malversação e à instabilidade socioeconômica.

Referências Bibliográficas

Livros

AGRA, Walber de Moura. *Teoria do direito neoconstitucional:* superação ou reconstrução do positivismo jurídico? São Paulo: Método, 2008.

ATALIBA, Geraldo. *Hipótese de incidência tributária.* 5. ed. São Paulo: Malheiros, 1992.

BOBBIO, Norberto. *Positivismo jurídico.* Lições de filosofia do direito. São Paulo: Ícone, 2006.

_____. *Sociedade e Estado na filosofia política moderna.* São Paulo: Brasiliense, 1991.

BONAVIDES, Paulo. *Curso de direito constitucional.* 15. ed. São Paulo: Malheiros, 2004.

CANARIS, Claus Wilhelm. *Pensamento sistemático e conceito de sistema na ciência do direito.* Lisboa: Calouste GulbeKian, 1988.

CAMPOS, Diogo Leite de; ANDRADE, João Costa. *Autonomia contratual e direito tributário.* Coimbra: Almedina, 2008.

CAMPOS, Diogo Leite de. *O sistema tributário no estado dos cidadãos.* Coimbra: Almedina, 2006.

_____. *Nós, estudos sobre o direito das pessoas.* Coimbra: Almedina, 2004.

CARVALHO, Paulo de Barros. *Curso de direito tributário.* 13. ed. São Paulo: Saraiva, 2000.

CASTILHO, Paulo César Bária de. *Execução de contribuição previdenciária pela Justiça do Trabalho.* São Paulo: RT, 2005.

CASTRO, Carlos Alberto Pereira de; LAZZARI, João Batista. *Manual de direito previdenciário.* 8. ed. Florianópolis: Conceito Editorial, 2007.

CATARINO, João Ricardo. *Redistribuição tributária:* Estado social e escolha individual. Coimbra: Almedina, 2008.

CAVALCANTI, Francisco. *Comentários ao código de proteção e defesa do consumidor.* Belo Horizonte: Del Rey, 1991.

COELHO, Sacha Calmon Navarro. *Liminares e depósitos antes do lançamento por homologação — decadência e prescrição.* São Paulo: Dialética, 2000.

_____. *Curso de direito tributário brasileiro.* 6. ed. Rio de Janeiro: Forense, 2001.

DINAMARCO, Cândido Rangel. *Capítulos de sentença.* 2. ed. São Paulo: Malheiros, 2006.

FELICIANO, Guilherme Guimarães. *Execução de contribuições sociais na Justiça do Trabalho.* São Paulo: LTr, 2002.

HOBBES, Thomas. *Leviatã.* São Paulo: Abril Cultural, 1979 (Coleção: Os Pensadores).

IBRAHIM, Fábio Zambitte. *Curso de direito previdenciário.* 7. ed. Niterói: Impetus, 2006.

JARDIM, Eduardo Marcial Ferreira. *Manual de direito financeiro e tributário.* 6. ed. São Paulo: Saraiva, 2003.

JORGE, Tarsis Nametala Sarlo. *O custeio da seguridade social*. 2. ed. Rio de Janeiro: Lumen Juris, 2007.

KERTZMAN, Ivan; CYRINO, Sinésio (Orgs.). *Leituras complementares de direito previdenciário*. Salvador: Jus Podivm, 2007.

LEITÃO, André Studart. *Previdência Social comentada*. Coordenador Wagner Balera. São Paulo: Quartier Latin, 2008.

LOPES, Miguel Maria de Serpa. *Curso de direito civil*. 7. ed. Rio de Janeiro: Freitas Bastos, 1989. v. I.

LUHMANN, Niklas. *El derecho de la sociedad*. México: Universidad Iberoamericana, 2002 (Collección Teoría Social).

MACHADO, Hugo de Brito. *Curso de direito tributário*, 27. ed. São Paulo: Malheiros, 2006.

MARION, José Carlos. *Contabilidade empresarial*. 8. ed. São Paulo: Atlas, 1998.

MARTINEZ, Wladimir Novaes. *Curso de direito previdenciário*. Tomo I, Noções de Direito Previdenciário. São Paulo: LTr, 1997.

_____. *Comentários à Lei Básica da Previdência Social*. Tomo I, Plano de Custeio. 5. ed. São Paulo: LTr, 2006.

MARTINS, Sérgio Pinto. *Direito processual do trabalho*. São Paulo: Atlas, 2002.

_____. *Execução da contribuição previdenciária na Justiça do Trabalho*. São Paulo: Atlas, 2001.

MEIRELES, Edilton. *Temas da execução trabalhista*. São Paulo: LTr, 1998;

_____. *Inovações da execução trabalhista e previdenciária*. São Paulo: LTr, 2000.

MELO, José Eduardo Soares de. *Contribuições sociais no sistema tributário*. São Paulo: Malheiros, 1993 (Coleção Estudos de Direito Tributário).

MELLO, Cleyson de Moraes; FRAGA, Telma Araújo Esteves (Orgs.). *O novo Código Civil — comentado*. Rio de Janeiro: Freitas Bastos, 2002.

MIRANDA, Pontes de. *Comentários ao Código de Processo Civil*. Rio de Janeiro: Forense, 1974.

MORAES, Alexandre de. *Direito constitucional*. 11. ed. São Paulo: Atlas, 2002.

MORIN, Edgar. *O método — a natureza da natureza*. Sintra: Publicações Europa-América, 1987.

NOZICK, Robert. *Anarquia, Estado e utopia*. Rio de Janeiro: Zahar, 1991.

RAWLS, John. *Uma teoria da justiça*. Brasília: UNB, 1981.

RODRIGUES, Sílvio. *Direito civil:* direito das coisas. São Paulo: Saraiva, 1995.

ROUSSEAU, Jean-Jacques. *Obras políticas*. Rio de Janeiro: Globo, 1962.

SHIMURA, Sérgio. *Título executivo*. São Paulo: Saraiva, 1997.

SORJ, Bernardo. *A nova sociedade brasileira*. Rio de Janeiro: Jorge Zahar, 2001.

SOUZA, Rubens Gomes de. *Compêndio de legislação tributária*. Edição póstuma, coord. IBET. São Paulo: Resenha Tributária, 1975í.

TERAN, Juan Manuel. *Filosofia del derecho*. México: Porruá, 1952.

TARTUCE, Flávio. *Função social do contrato do Código Civil ao Código de Defesa do Consumidor*. São Paulo: Método, 2002.

TEPEDINO, Gustavo. *As relações de consumo e a nova teoria contratual*. Temas de direito civil. Rio de Janeiro: Renovar, 1999.

VIEIRA, Luiz Vicente. *A democracia em Rousseau* — a recusa dos pressupostos liberais. Porto Alegre: Edipucrs, 1997.

WEBER, Max. Os três tipos puros de dominação legítima. In: COHN, Gabriel (Org.). *Sociologia*. São Paulo: Ática, 1979.

Revistas e Jornais Impressos

AMARO, Luciano da Silva. Conceito e classificação de tributos. *RDT*, São Paulo: 1991. v. 55.

AMORIM FILHO, Agnelo. Critério científico para distinguir a prescrição da decadência e para identificar as ações imprescritíveis. *Revista dos Tribunais*, 1961. 300/7.

ARAÚJO, Luiz Carlos de; SILVA, Wilson Pocidonio da. Fato gerador das contribuições sociais. *Revista Legislação do Trabalho*, São Paulo: LTr, abr. 2009.

CAMPOS, Hélio Sílvio Ourem. O Brasil — uma breve visão histórica do Estado, das Constituições e dos tributos. *Revista Jurídica da Procuradoria Geral da Fazenda Estadual*, Belo Horizonte, 2002.

CASTILHO, Paulo Cesar Bária de. Contribuições previdenciárias nas conciliações trabalhistas. *Revista Legislação do Trabalho*, São Paulo, LTr, ano 67, n. 1, jan. 2003.

DERZI, Misabel Machado. Contribuições sociais. *Caderno de Pesquisas Tributárias*. São Paulo: Resenha Tributária, 1992. v. 17.

GASTOS Públicos: com rombo de R$ 8,4 bilhões, orçamento terá tramitação difícil. *Jornal do Senado*, ano XV, brasília, 07-13 set. 2009.

JUSTEN FILHO, Marçal. Contribuições sociais. *Caderno de Pesquisas Tributárias*. São Paulo, Resenha Tributária, 1992. v. 17.

MAIA, Ary Fausto. A inaplicabilidade da competência para a execução trabalhista das contribuições previdenciárias. *Revista LTr*, São Paulo, v. 64, n. 7, jul. 2000.

MARINHO FILHO, Luciano. A incongruência do hipertrofismo estatal. *Revista IOB de Direito Administrativo*, São Paulo, IOB, 2008.

_____. Da prescrição e da decadência previdenciárias decorrentes de reclamatórias e consignatórias trabalhistas. *Revista Dialética de Direito Tributário*, n. 171, São Paulo, Dialética, 2009.

_____. Efeitos da Súmula Vinculante que limitará a competência da Justiça do Trabalho na cobrança de contribuição social. *Revista do Direito Trabalhista — RDT*, ano 14, n. 11, Brasília, Consulex, 2008.

_____. Linhas primeiras de um sistema tributário: a "contribuição social" como elemento nuclear. *Revista Tributária e de Finanças Públicas*, São Paulo, Revista dos Tribunais, ano 17, n. 86, 2009.

_____. Novo paradigma, vacância teórica ou degeneração do Estado democrático de direito? *Consulex* — Revista Jurídica, n. 284, Brasília, Consulex, 2008.

MEIRELES, Edilton. Título executivo, fato gerador, decadência e prescrição previdenciária na Justiça do Trabalho. *Revista de Direito do Trabalho*, São Paulo, RT, 2009.

SESSÃO ESPECIAL: Senado celebra fortalecimento da democracia. *Jornal do Senado*, ano XV, Brasília, 14-20 set. 2009.

SILVA, Maria Goreti Monteiro da. INSS é beneficiado pela "Super Receita" — Lei n. 11.457, de 16 de março de 2007. *Suplemento Trabalhista*, n. 078, São Paulo, LTr, 2007.

TRIBUTAÇÃO: Senado pode retomar reforma fiscal em maio. *Jornal do Senado*, ano XV, Brasília, 16-22 fev. 2009.

Periódicos e documentos eletrônicos

AGRA, Walber de Moura. Luhmann e a Legitimação da Jurisdição Constitucional. *Revista Eletrônica do Instituto Brasileiro de Estudos Constitucionais — IBEC*. Disponível em: <http://www.ibec.inf.br/revista.html#docente> Acesso em: 5 jul. 2009.

BERNARDI, Luigi; FRASCHINI, Angela. Tax system and tax reform in India. Università del Piemonte Orientale Amedeo Avogadro. Disponível em: <http://polis.unipmn.it/pubbl/RePEc/uca/ucapdv/fraschini51.pdf> Acesso em: 25 jun. 2009.

COUTRIM, Rosa Maria da Exaltação. Algumas considerações teóricas e metodológicas sobre estudos de sociologia do envelhecimento. *Revista Brasileira de Geriatria e Gerontologia*, v. 9, n.3, Rio de Janeiro, 2006. Disponível em: <http://www.unati.uerj.br/tse/scielo.php?script=sci_arttext&pid=s1809-98232006 000300006&lng=pt&nrm> Acesso em: 28 ago. 2008.

FELICIANO, Guilherme Guimarães. Emenda Constitucional n. 20/98 — execução de contribuições previdenciárias na Justiça do Trabalho. *O Neófito – Informativo Jurídico*. Disponível em: <http://www.neofito.com.br/artigos/art01/trab39.htm> Acesso em: 7 jan. 2009.

FIGUEREDO, Ademir; MELO, Frederico e HEGER, Iara. A Previdência Social tem déficit? *Nota Técnica n. 52*. São Paulo: Departamento Intersindical de Estatística e Estudos Socioeconômicos (Dieese), out. 2007. Disponível em: <http://www.dieese.org.br/notatecnica/notate52PrevidenciaDeficit.pdf> Acesso em: 24 jan. 2010.

FLAT Taxes. *HM Treasury*. Disponível em: <http://www.hm-treasury.gov.uk/d/foi_flattax010805.pdf> Acesso em: 14 abr. 2009.

HIRONAKA, Giselda Maria Fernandes Novaes. *Contrato*: estrutura milenar de fundação do direito privado. *Jus Navegandi*. Disponível em: <http://jus2.uol.com.br/doutrina/texto.asp?id=4194> Acesso em: 7 jul. 2008.

JUSTIÇA trabalhista não é competente para executar contribuições sociais de sentenças declaratórias de vínculo. *Revista Contábil e Jurídica Netlegis*. Disponível em: <http://www.netlegis.com.br/index.jsp?arquivo=detalhesDstaques.jsp&cod=22046> Acesso em: 27 set. 2008.

KEKIC, Laza. The economist intelligence unit's index os democracy 2008. *The Economist*. Disponível em: <http://graphics.eiu.com/PDF/Democracy%20Index%202008.pdf> Acesso em: 8 out. 2009.

MENDES, Marcos J. Os sistemas tributários de Brasil, Rússia, China, Índia e México: comparação das características gerais. *Consultoria Legislativa do Senado Federal* (Centro de Estudos). Disponível em: <http://www.senado.gov.br/conleg/textos_discussao/texto49marcosmendes.pdf> Acesso em: 12 mar. 2009.

MIRANDA, Rogério Boueri. Três modelos teóricos para a previdência social. *Instituto de Pesquisa Econômica e Aplicada — IPEA*. Disponível em: <http://www.ipea.gov.br/pub/td/td_516.pdf> Acesso em: 6 out. 2009.

NOGUEIRA, Ítalo. TCU determina que Governo devolva R$ 684 mil aos cofres públicos. *Folha de S. Paulo*, São Paulo, 14 set. 2009. Disponível em: <http://www1.folha.uol.com.br/folha/brasil/ult96u623071.shtml> Acesso em: 15 set. 2009.

OLIVEIRA, Alexandre Nery de. Contribuição previdenciária e competência da Justiça do Trabalho: análise da Emenda Constitucional n. 20/98. Disponível em: <http://members.tripod.com/~anery/114EC20.html> Acesso em: 12 dez. 2008.

PAPILLÓN, Rafael. Reforma fiscal: México indica o caminho a seguir na América Latina. *Wharton University of Pennsylvania*. Disponível em: <http://www.wharton.universia.net/index.cfm?fa=viewArticle&id=1414> Acesso em: 19 out. 2009.

PEREIRA, José Luciano de Castilho. *Liberdade de contratar — limites impostos pela função social do contrato*. Disponível em: <http://www.tst.gov.br/ArtigosJuridicos/GMLCP/LIBERDADEDECONTRATAR.pdf> Acesso em: 5 maio 2008.

RAMOS, Lauro. A evolução da informalidade no Brasil metropolitano: 1991-2001. *Instituto de Pesquisa Econômica Aplicada — IPEA*. Disponível em: <http://www.ipea.gov.br/pub/bcmt/mt_019l.pdf> Acesso em: 23 fev. 2010.

RAMOS, Lauro; FERREIRA, Valéria. Padrões espacial e setorial da evolução da informalidade no Brasil: 1991 – 2003. *Instituto de Pesquisa Econômica Aplicada — IPEA*. Disponível em: <http://www.ipea.gov.br/pub/td/2005/td_1099.pdf> Acesso em: 14 dez. 2008.

SANDIM, Emerson Odilon. Novos perfis da execução previdenciária na Justiça do Trabalho. Sinergia entre a Constituição e a Lei n. 10.035. Exegese sistêmica como meta de otimização. *Jus Navegandi*. Disponível em: <http://jus2.uol.com.br/ doutrina/texto.asp?id=1442> Acesso em: 2 dez. 2008.

SANTOS, Marcos André Couto. Execução de contribuições previdenciárias na Justiça do Trabalho: aspectos polêmicos do art. 114, § 3º, da CR/88 e da Lei n. 10.035/00. *Jus Navegandi*. Disponível em: <http://jus2.uol.com.br/doutrina/texto.asp?id=3657> Acesso em: 10 nov. 2008.

SILVA, Virgílio Afonso da. Interpretação conforme a Constituição: entre a trivialidade e a centralização judicial. *Revista Direito GV*, v. 2, n. 1, 2006. Disponível em: <http://www.direitogv.com.br/subportais/publica%C3%A7%C3%B5e/RDGV03 p191210.pdf > Acesso em: 23 de fev. 2010.

ULYSSEA, Gabriel. Instituições e a informalidade no mercado de trabalho. *Instituto de Pesquisa Econômica e Aplicada — IPEA*. Disponível em: <http://www.ipea.gov.br/pub/td/2005/td_1096.pdf> Acesso em: 25 abr. 2009.

WESTIN, Ricardo. Verba da saúde paga almoço de preso e farda. *Folha de S. Paulo*, São Paulo, 14 set. 2009. Disponível em: <http://www1.folha.uol.com.br/fsp/cotidian/ff1409200901.htm> Acesso em: 15 set. 2009.

Legislações, Jurisprudências e Sites Públicos

ASSOCIAÇÃO BRASILEIRA DE NORMAS TÉCNICAS 3 NBR 6023:2002, NBR 6024: 1989, NBR 6028: 1990, NBR 6034:1989, NBR 10520:2002, NBR 12225:1992. A despeito das normatizações utilizadas, pequenas adaptações estéticas foram realizadas, evitando descontinuidade de textos, tabelas e ilustrações.

BRASIL. Câmara dos Deputados. Disponível em: <http://www.camara.gov.br/Internet/comissao/index/mista/orca/tcu/..%5Ctcu%5CPDFs%5CAcordao4492009-TCU-Plen%C3%A1rio.pdf> Acesso em: 15 set. 2009.

BRASIL. Constituição da República Federativa do Brasil de 5 de outubro de 1988. Disponível em: <http://www.planalto.gov.br/ccivil_03/constituicao/constitui%C3%A7ao.htm> Acesso em: 12 fev. 2008.

BRASIL. Decreto n. 3.048 de 6 de maio de 1999. Aprova o Regulamento da Previdência Social, e dá outras providências. Disponível em: <http://www.planalto.gov.br/ccivil/decreto/D3048.htm> Acesso em: 24 jan. 2010.

BRASIL. Decreto-lei n. 5.452 de 1º de maio de 1943. Aprova a Consolidação das Leis do Trabalho. Disponível em: <http://www.planalto.gov.br/ccivil/Decreto-Lei/Del5452.htm> Acesso em: 24 jan. 2010.

BRASIL. Instrução Normativa MPS/SRP n. 3, de 14 de julho de 2005. Dispõe sobre normas gerais de tributação previdenciária e de arrecadação das contribuições sociais administradas pela Secretaria da Receita Previdenciária — SRP e dá outras providências. Disponível em: <http://www3.dataprev.gov.br/SISLEX/paginas/38/mps-srp/2005/3completa.htm> Acesso em: 24 jan. 2010.

BRASIL. Ministério da Fazenda. Tesouro Nacional. Disponível em: <http://www.tesouro.fazenda.gov.br/contabilidade_governamental/gestao_orcamentaria.asp> Acesso em: 16 dez. 2009.

BRASIL. Ministério da Fazenda. Tesouro Nacional. Disponível em: <http://www.tesouro.fazenda.gov.br/SIAFI/atribuicoes_03.asp#> Acesso em: 15 nov. 2009.

BRASIL. Ministério do Planejamento, Orçamento e Gestão. Disponível em: <http://www.planejamento.gov.br/secretaria.asp?cat=50&sub=213&sec=8> Acesso em: 3 jan. 2010.

BRASIL. Ministério do Planejamento, Orçamento e Gestão. Instituto Brasileiro de Geografia e Estatística — IBGE. Disponível em: <http://www.ibge.gov.br/home/estatistica/indicadores/trabalhoerendimento/pme_nova/parte1.pdf> Acesso em: 10 fev. 2009.

BRASIL. Superior Tribunal de Justiça. Recurso Especial n. 507316. Relator Ministro João Otávio de Noronha. Segunda Turma. Julgado em 5.12.2006, DJ 7.2.2007. Disponível em: <http://www.stj.jus.br/webstj/Processo/Justica/detalhe.asp?numreg=200300246963&pv=000000000000> Acesso em: 7 dez. 2009.

BRASIL. Superior Tribunal e Justiça. Recurso Especial n. 221362. Relator Ministro José Delgado. Primeira Turma. Publicado no DJ de 17.12.1999. Disponível em: <http://www.stj.jus.br/webstj/Processo/Justica/detalhe.asp?numreg=200300246963&pv=000000000000> Acesso em: 7 dez. 2009.

BRASIL, Supremo Tribunal Federal, Recurso Extraordinário n. 569.056/PA, Relator Ministro Menezes Direito. Disponível em: <http://www.stf.jus.br/portal/processo/verProcessoAndamento.asp?incidente=257 1983> Acesso em: 17 dez. 2008.

BRASIL, Supremo Tribunal Federal. *Súmula Vinculante n. 8*. São inconstitucionais o parágrafo único do art. 5º do Decreto-lei n. 1.569/1977 e os arts. 45 e 46 da Lei n. 8.212/1991, que tratam de prescrição e decadência de crédito tributário. Disponível em: <http://www.stf.jus.br/portal/jurisprudencia/listarJurisprudencia.asp?s1=8.NUME.%20E%20S.FLSV.&base=baseSumulasVinculantes> Acesso em: 24 jan. 2010.

BRASIL, Supremo Tribunal Federal. *Súmula n. 688*. É legítima a incidência da contribuição previdenciária sobre o 13º salário. Disponível em: <http://www.stf.jus.br/portal/jurisprudencia/listarJurisprudencia.asp?s1=688.NUME.%20NAO%20S.FLSV.&base=baseSumulas> Acesso em: 24 jan. 2010.

BRASIL. Tribunal Regional do Trabalho da 6ª Região. Acórdão 2ª Turma. Agravo de Petição. Proc. TRT6 AP n. *00381.2003.020.06.85.2*. Relatora: Eneida Melo Correia de Araújo. Disponível em: <http://www.trt6.gov.br/consultaOnline2/index.php?metodo=consultatstcompleto2a&chaveprocesso=AP0165607> Acesso em: 21 jan. 2010.

BRASIL.Tribunal Regional do Trabalho da 6ª Região. *Súmula n. 14*. Contribuições Previdenciárias. Momento de Incidência de Juros e Multa. A hipótese de incidência da contribuição social prevista no art. 195, inciso I, alínea "a", da Constituição da República Federativa do Brasil ocorre quando há o pagamento ou o crédito dos rendimentos de natureza salarial decorrentes do título judicial trabalhista, razão pela qual, a partir daí, conta-se o prazo legal para o seu recolhimento, após o que, em caso de inadimplência, computar-se-ão os acréscimos pertinentes a juros e multa mencionados na legislação ordinária aplicável a espécie. Resolução Administrativa TRT 25/2009 – 3ª publ. DOE/PE: 2.10.2009. Disponível em: <http://www.trt6.gov.br/jurisprudencia/presumulas.html> Acesso em: 23 jan. 2010.

BRASIL. Tribunal Regional do Trabalho da 15ª Região. Dissídio Coletivo. Proc. TRT15 Região n. 00309-2009-000-15-00-4. Disponível em: <http://consulta.trt15.jus.br/> e <http://www.sindmetalsjc.org.br/cont/liminar-trt.pdf> Acesso em: 2 mar. 2009.

BRASIL. Tribunal Superior do Trabalho. Disponível em: <http://www.tst.gov.br/tst/iframe.php?url=http://www.tst.jus.br/Sseest/JT/Arrecadacao/index.html> Acesso em: 10 maio 2008.

BRASIL. Tribunal Superior do Trabalho. Proc. TST AIRR n. 504/2000-004-08-40.4. Acórdão 2ª Turma. Juiz Relator Luiz Carlos Gomes Godói. Publicação DJ 11.5.2007. Disponível em: <http://brs02.tst.jus.br/cgi-bin/nph-brs?s1=(4177194.nia.)&u=/Brs/it01.html&p=1&l=1&d=blnk&f=g&r=1> Acesso em: 21 jan. 2010.

BRASIL. Tribunal Superior do Trabalho. Proc. n. TST – RODC – 309/2009-000-15-00. Acórdão Secção Especializada de Dissídio Coletivo do Trabalho. Ministro Relator Maurício Godinho Delgado. Publicação DEJT – 4.9.2009. Disponível em: <http://brs02.tst.jus.br/cgi-bin/nphbrs?s1=4889173.nia.&u=/Brs/it01.html&p=1&l=1&d=blnk&f=g&r=1> Acesso em: 24 fev. 2010.

BRASIL. Lei Complementar n. 101 de 4 de maio de 2000. Estabelece normas de finanças públicas voltadas para a responsabilidade na gestão fiscal e dá outras providências. Disponível em: <http://www.planalto.gov.br/CCIVIL/Leis/LCP/Lcp101.htm> Acesso em: 24 jan. 2010.

BRASIL. Lei n. 5.172 de 25 de outubro de 1966. Dispõe sobre o Sistema Tributário Nacional e institui normas gerais de direito tributário aplicáveis à União, Estados e Municípios. Disponível em: <http://www.planalto.gov.br/ccivil_03/LEIS/L5172.htm> Acesso em: 24 jan. 2010.

BRASIL. Lei n. 5.869 de 11 de janeiro de 1973. Institui o Código de Processo Civil. Disponível em: <http://www.planalto.gov.br/ccivil_03/Leis/L5869.htm> Acesso em: 24 jan. 2010.

BRASIL. Lei n. 6.830 de 22 de setembro de 1980. Dispõe sobre a cobrança judicial da Dívida Ativa da Fazenda Pública, e dá outras providências. Disponível em: <http://www.planalto.gov.br/CCIVIL/LEIS/L6830.htm> Acesso em: 24 jan. 2010.

BRASIL. Lei n. 8.212, de 24 de julho de 1991. Dispõe sobre a Organização da Seguridade Social, institui Plano de Custeio, e dá outras providências. Disponível em: <http://www.planalto.gov.br/ccivil_03/LEIS/L8212cons.htm> Acesso em: 24 jan. 2010.

BRASIL. Lei n. 9.969, de 11 de maio de 2000. Estima Receita e fixa a Despesa da União para o exercício financeiro de 2000. Disponível em: <http://www.jusbrasil.com.br/legislacao/102598/lei-9969-00> Acesso em: 12 fev. 2008.

BRASIL. Lei n. 10.035 de 25 de outubro de 2000. Altera a Consolidação das Leis do Trabalho – CLT, aprovada pelo Decreto-lei n. 5.452, de 1º de maio de 1943, para estabelecer os procedimentos, no âmbito da Justiça do Trabalho, de execução das contribuições devidas à Previdência Social. Disponível em: <http://www3.dataprev.gov.br/SISLEX/paginas/42/2000/10035.htm> Acesso em: 24 jan. 2010.

BRASIL. Lei n. 10.171, de 5 de janeiro de 2001. Estima Receita e fixa a Despesa da União para o exercício financeiro de 2001. Disponível em: <http://www3.dataprev.gov.br/SISLEX/paginas/42/2001/10171.htm> Acesso em: 12 fev. 2008.

BRASIL. Lei n. 10.407, de 10 de janeiro de 2002. Estima Receita e fixa a Despesa da União para o exercício financeiro de 2002. Disponível em: <http://www.planalto.gov.br/ccivil_03/Leis/2002/L10407.htm> Acesso em: 12 fev. 2008.

BRASIL. Lei n. 10.640, de 14 de janeiro de 2003. Estima Receita e fixa a Despesa da União para o exercício financeiro de 2003. Disponível em: <http://www.planalto.gov.br/ccivil_03/Leis/2003/L10.640.htm> Acesso em: 12 fev. 2008.

BRASIL. Lei n. 10.837, de 16 de janeiro de 2004. Estima Receita e fixa a Despesa da União para o exercício financeiro de 2004. Disponível em: <http://www.jusbrasil.com.br/legislacao/97387/lei-10837-04> Acesso em: 12 fev. 2008.

BRASIL. Lei n. 11.100, de 25 de janeiro de 2005. Estima Receita e fixa a Despesa da União para o exercício financeiro de 2005. Disponível em: <http://www010.dataprev.gov.br/sislex/paginas/42/2005/11100.htm> Acesso em: 12 fev. 2008.

BRASIL. Lei n. 11.306, de 16 de maio de 2006. Estima Receita e fixa a Despesa da União para o exercício financeiro de 2006. Disponível em: <http://www010.dataprev.gov.br/sislex/paginas/42/2006/11306.htm> Acesso em: 12 fev. 2008.

BRASIL. Lei n. 11.451, de 7 de fevereiro de 2007. Estima Receita e fixa a Despesa da União para o exercício financeiro de 2007. Disponível em: <http://www.jusbrasil.com.br/legislacao/94946/lei-11451-07> Acesso em: 12 fev. 2008.

BRASIL. Lei n. 11.457 de 11 de março de 2007. Dispõe sobre a Administração Tributária Federal; altera as Leis ns. 10.593, de 6 de dezembro de 2002, 10.683, de 28 de maio de 2003, 8.212, de 24 de julho de 1991, 10.910, de 15 de julho de 2004, o Decreto-lei n. 5.452, de 1º de maio de 1943, e o Decreto n. 70.235, de 6 de março de 1972; revoga dispositivos das Leis ns. 8.212, de 24 de julho de 1991, 10.593, de 6 de dezembro de 2002, 10.910, de 15 de julho de 2004, 11.098, de 13 de janeiro de 2005, e 9.317, de 5 de dezembro de 1996; e dá outras providências Disponível em: <http://www.planalto.gov.br/ccivil/_Ato2007-2010/2007/Lei/L11457.htm> Acesso em: 24 jan. 2010.

BRASIL. Lei n. 11.488 de 15 de junho de 2007. Cria o Regime Especial de Incentivos para o Desenvolvimento da Infraestrutura — REIDI; reduz para 24 (vinte e quatro) meses o prazo mínimo para utilização dos créditos da Contribuição para o PIS/Pasep e da Contribuição para o Financiamento da Seguridade Social — COFINS decorrentes da aquisição de edificações; amplia o prazo para pagamento de impostos e contribuições; altera a Medida Provisória n. 2.158-35, de 24 de agosto de 2001, e as Leis ns. 9.779, de 19 de janeiro de 1999, 8.212, de 24 de julho de 1991, 10.666, de 8 de maio de 2003, 10.637, de 30 de dezembro de 2002, 4.502, de 30 de novembro de 1964, 9.430, de 27 de dezembro de 1996, 10.426, de 24 de abril de 2002, 10.833, de 29 de dezembro de 2003, 10.892, de 13 de julho de 2004, 9.074, de 7 de julho de 1995, 9.427, de 26 de dezembro de 1996, 10.438, de 26 de abril de 2002, 10.848, de 15 de março de 2004, 10.865, de 30 de abril de 2004, 10.925, de 23 de julho de 2004, 11.196, de 21 de novembro de 2005; revoga dispositivos das Leis ns. 4.502, de 30 de novembro de 1964, 9.430, de 27 de dezembro de 1996, e do Decreto-lei n. 1.593, de 21 de dezembro de 1977; e dá outras providências. Disponível em: <http://www.planalto.gov.br/ccivil_03/_ato2007-2010/2007/Lei/L11488.htm> Acesso em: 24 jan. 2010.

BRASIL. Lei n. 11.647, de 24 de março de 2008. Estima Receita e fixa a Despesa da União para o exercício financeiro de 2008. Disponível em: <http://www.planalto.gov.br/ccivil_03/_ato2007-2010/2008/Lei/L11647.htm> Acesso em: 12 fev. 2008.

BRASIL. Lei n. 11.897, de 30 de dezembro de 2008. Estima Receita e fixa a Despesa da União para o exercício financeiro de 2009. Disponível em: <http://www3.dataprev.gov.br/SISLEX/paginas/42/2008/11897.htm> Acesso em: 12 fev. 2008.

BRASIL. Lei n. 11.941 de 27 de maio de 2009. Altera a legislação tributária federal relativa ao parcelamento ordinário de débitos tributários; concede remissão nos casos em que especifica; institui regime tributário de transição, alterando o Decreto n. 70.235, de 6 de março de 1972, as Leis ns. 8.212, de 24 de julho de 1991, 8.213, de 24 de julho de 1991, 8.218, de 29 de agosto de 1991, 9.249, de 26 de dezembro de 1995, 9.430, de 27 de dezembro de 1996, 9.469, de 10 de julho de 1997, 9.532, de 10 de dezembro de 1997, 10.426, de 24 de abril de 2002, 10.480, de 2 de julho de 2002, 10.522, de 19 de julho de 2002, 10.887, de 18 de junho de 2004, e 6.404, de 15 de dezembro de 1976, o Decreto-lei n. 1.598, de 26 de dezembro de 1977, e as Leis ns. 8.981, de 20 de janeiro de 1995, 10.925, de 23 de julho de 2004, 10.637, de 30 de dezembro de 2002, 10.833, de 29 de dezembro de 2003, 11.116, de 18 de maio de 2005, 11.732, de 30 de junho de 2008, 10.260, de 12 de julho de 2001, 9.873, de 23 de novembro de 1999, 11.171, de 2 de setembro de 2005, 11.345, de 14 de setembro de 2006; prorroga a vigência da Lei n. 8.989, de 24 de fevereiro de 1995; revoga dispositivos das Leis ns. 8.383, de 30 de dezembro de 1991, e 8.620, de 5 de janeiro de 1993, do Decreto-lei n. 73, de 21 de novembro de 1966, das Leis ns. 10.190, de 14 de fevereiro de 2001, 9.718, de 27 de novembro de 1998, e 6.938, de 31 de agosto de 1981, 9.964, de 10 de abril de 2000, e, a partir da instalação do Conselho Administrativo de Recursos Fiscais, os Decretos ns. 83.304, de 28 de março de 1979, e 89.892, de 2 de julho de 1984, e o art. 112 da Lei n. 11.196, de 21 de novembro de 2005; e dá outras providências Disponível em: <http://www.receita.fazenda.gov.br/legislacao/Leis/2009/lei11941.htm> Acesso em: 24 jan. 2010.

Anexos

Anexo A: Incógnitas e Valores das Leis Orçamentárias Anuais

\multicolumn{6}{c}{LEI ORÇAMENTÁRIA ANUAL DE 2000 – LEI N. 9.969/00 (Exercício Financeiro 2000)}					
Estimativa Receita	Valores em Reais (R$)	% Receita Total	Fixação Despesa	Valores em Reais (R$)	% Despesa Total
Orçamento Fiscal	R$ 249.257.179.787,00	24,61%	Orçamento Fiscal	R$ 246.641.354.706,00	24,35%
Orçamento da Seguridade Social	R$ 119.516.406.317,00	11,80%	Orçamento da Seguridade Social	R$ 122.132.231.398,00 (composto por repasse do orçamento fiscal)	12,06 %
Refinanciamento da Dívida Pública Federal	R$ 644.033.686.351,00	63,59%	Refinanciamento da Dívida Pública Federal	R$ 644.033.686.351,00 (composto por verbas do orçamento fiscal e da seguridade social)	63,59%
Estimativa de Receita Orçamentária Total	R$ 1.012.807.272.455,00	100%	Estimativa de Despesa Orçamentária Total	R$ 1.012.807.272.455,00	100%

\multicolumn{6}{c}{LEI ORÇAMENTÁRIA ANUAL DE 2001 – LEI N. 10.171/01 (Exercício Financeiro 2001)}					
Estimativa Receita	Valores em Reais (R$)	% Receita Total	Fixação Despesa	Valores em Reais (R$)	% Despesa Total
Orçamento Fiscal	R$ 272.989.945.741,00	28,73%	Orçamento Fiscal	R$ 264.727.127.074,00	27,86%
Orçamento da Seguridade Social	R$ 136.951.530.857,00	14,41%	Orçamento da Seguridade Social	R$ 145.214.349.524,00 (composto por repasse do orçamento fiscal)	15,28%
Refinanciamento da Dívida Pública Federal	R$ 540.260.883.794,00	56,86%	Refinanciamento da Dívida Pública Federal	R$ 540.260.883.794,00 (composto por verbas do orçamento fiscal e da seguridade social)	56,86%
Estimativa de Receita Orçamentária Total	R$ 950.202.360.392,00	100%	Estimativa de Despesa Orçamentária Total	R$ 950.202.360.392,00	100%

LEI ORÇAMENTÁRIA ANUAL DE 2002 – LEI N. 10.407/02 (Exercício Financeiro 2002)

Estimativa Receita	Valores em Reais (R$)	% Receita Total	Fixação Despesa	Valores em Reais(R$)	% Despesa Total
Orçamento Fiscal	R$ 280.103.692.688,00 (composto por inclusão de contribuição social desvinculada)	43,07%	Orçamento Fiscal	R$ 262.889.149.037,00	40,42%
Orçamento da Seguridade Social	R$ 149.838.221.199,00	23,03%	Orçamento da Seguridade Social	R$ 167.052.764.850,00 (composto por repasse do orçamento fiscal)	25,68%
Refinanciamento da Dívida Pública Federal	R$ 220.467.694.073,00	33,90%	Refinanciamento da Dívida Pública Federal	R$ 220.467.694.073,00 (composto por verbas do orçamento fiscal e da seguridade social)	33,90%
Estimativa de Receita Orçamentária Total	R$ 650.409.607.960,00	100%	**Estimativa de Despesa Orçamentária Total**	R$ 650.409.607.960,00	100%

LEI ORÇAMENTÁRIA ANUAL DE 2003 – LEI N. 10.640/03 (Exercício Financeiro 2003)

Estimativa Receita	Valores em Reais (R$)	% Receita Total	Fixação Despesa	Valores em Reais(R$)	% Despesa Total
Orçamento Fiscal	R$ 334.090.445.553,00 (composto por inclusão de contribuição social desvinculada)	32,25%	Orçamento Fiscal	R$ 314.264.809.331,00	30,34%
Orçamento da Seguridade Social	R$ 179.810.812.072,00	17,35%	Orçamento da Seguridade Social	R$ 199.636.448.294,00 (composto por repasse do orçamento fiscal)	19,26%
Refinanciamento da Dívida Pública Federal	R$ 522.154.825.637,00	50,40%	Refinanciamento da Dívida Pública Federal	R$ 522.154.825.637,00 (composto por verbas do orçamento fiscal)	50,40%
Estimativa de Receita Orçamentária Total	R$ 1.036.056.083.262,00	100%	**Estimativa de Despesa Orçamentária Total**	R$ 1.036.056.083.262,00	100%

LEI ORÇAMENTÁRIA ANUAL DE 2004 – LEI N. 10.837/04 (Exercício Financeiro 2004)						
Estimativa Receita	Valores em Reais (R$)	% Receita Total	Fixação Despesa	Valores em Reais(R$)	% Despesa Total
Orçamento Fiscal	R$ 396.724.445.938,00 (composto por inclusão de contribuição social desvinculada)	27,00%	Orçamento Fiscal	R$ 376.121.492.113,00	25,60%
Orçamento da Seguridade Social	R$ 212.321.546.108,00	14,45%	Orçamento da Seguridade Social	R$ 232.924.499.933,00 (composto por repasse do orçamento fiscal)	15,85%
Refinanciamento da Dívida Pública Federal	R$ 860.041.414.290,00	58,55 %	Refinanciamento da Dívida Pública Federal	R$ 860.041.414.290,00 (composto por verbas do orçamento fiscal)	%
Estimativa de Receita Orçamentária Total	R$ 1.469.087.406.336,00	100%	Estimativa de Despesa Orçamentária Total	R$ 1.469.087.406.336,00	100%

LEI ORÇAMENTÁRIA ANUAL DE 2005 – LEI N. 11.100/05 (Exercício Financeiro 2005)					
Estimativa Receita	Valores em Reais (R$)	% Receita Total	Fixação Despesa	Valores em Reais(R$)	% Despesa Total
Orçamento Fiscal	R$ 421.081.521.578,00	26,21%	Orçamento Fiscal	R$ 408.025.141.744,00	25,40%
Orçamento da Seguridade Social	R$ 249.486.427.389,00	15,53%	Orçamento da Seguridade Social	R$ 262.542.807.223,00	16,34%
Refinanciamento da Dívida Pública Federal	R$ 935.835.222.075,00	58,26%	Refinanciamento da Dívida Pública Federal	R$ 935.835.222.075,00	58,26%
Estimativa de Receita Orçamentária Total	R$ 1.606.403.171.042,00	100%	Estimativa de Despesa Orçamentária Total	R$ 1.606.403.171.042,00	100%

LEI ORÇAMENTÁRIA ANUAL DE 2006 – LEI N. 11.306/06 (Exercício Financeiro 2006)					
Estimativa Receita	Valores em Reais (R$)	% Receita Total	Fixação Despesa	Valores em Reais (R$)	% Despesa Total
Orçamento Fiscal	R$ 542.006.440.948,00	32,63%	Orçamento Fiscal	R$ 519.022.769.357,00	31,25%
Orçamento da Seguridade Social	R$ 281.225.371.762,00	16,93%	Orçamento da Seguridade Social	R$ 304.209.043.353,00	18,32%
Refinanciamento da Dívida Pública Federal	R$ 837.540.472.466,00	50,44%	Refinanciamento da Dívida Pública Federal	R$ 837.540.472.466,00	50,43%
Estimativa de Receita Orçamentária Total	R$ 1.660.772.285.176,00	100%	Estimativa de Despesa Orçamentária Total	R$ 1.660.772.285.176,00	100%

LEI ORÇAMENTÁRIA ANUAL DE 2007 – LEI N. 11.451/07 (Exercício Financeiro 2007)					
Estimativa Receita	Valores em Reais (R$)	% Receita Total	Fixação Despesa	Valores em Reais(R$)	% Despesa Total
Orçamento Fiscal	R$ 558.325.791.220,00	36,58%	Orçamento Fiscal	R$ 531.326.878.555,00	34,82%
Orçamento da Seguridade Social	R$ 312.066.444.390,00	20,45%	Orçamento da Seguridade Social	R$ 339.065.357.055,00	22,21%
Refinanciamento da Dívida Pública Federal	R$ 655.751.150.489,00	42,97%	Refinanciamento Da Dívida Pública Federal	R$ 655.751.150.489,00	42,97%
Estimativa de Receita Orçamentária Total	R$ 1.526.143.386.099,00	100%	Estimativa de Despesa Orçamentária Total	R$ 1.526.143.386.099,00	100%

LEI ORÇAMENTÁRIA ANUAL DE 2008 – LEI N. 11.647/08 (Exercício Financeiro 2008)					
Estimativa Receita	Valores em Reais (R$)	% Receita Total	Fixação Despesa	Valores em Reais(R$)	% Despesa Total
Orçamento Fiscal	R$ 615.427.751.756,00	45,18%	Orçamento Fiscal	R$ 579.108.964.778,00	42,51%
Orçamento da Seguridade Social	R$ 330.484.559.737,00	24,26%	Orçamento da Seguridade Social	R$ 366.803.346.715,00	26,92%
Refinanciamento da Dívida Pública Federal	R$ 416.355.701.091,00	30,56%	Refinanciamento Da Dívida Pública Federal	R$ 416.355.701.091,00	30,57%
Estimativa de Receita Orçamentária Total	R$ 1.362.268.012.584,00	100%	Estimativa de Despesa Orçamentária Total	R$ 1.362.268.012.584,00	100%

LEI ORÇAMENTÁRIA ANUAL DE 2008 – LEI N. 11.897/08 (Exercício Financeiro 2009)					
Estimativa Receita	Valores em Reais (R$)	% Receita Total	Fixação Despesa	Valores em Reais(R$)	% Despesa Total
Orçamento Fiscal	R$ 669.734.231.960,00	42,36%	Orçamento Fiscal	R$ 631.552.031.550,00	39,94%
Orçamento da Seguridade Social	R$ 386.166.966.191,00	24,41%	Orçamento da Seguridade Social	R$ 424.349.166.601,00	26,83%
Refinanciamento da Dívida Pública Federal	R$ 525.546.563.343,00	33,23%	Refinanciamento da Dívida Pública Federal	R$ 525.546.563.343,00	33,23%
Estimativa de Receita Orçamentária Total	R$ 1.581.447.761.494,00	100%	Estimativa de Despesa Orçamentária Total	R$ 1.581.447.761.494,00	100%

Notas:

1) As tabelas acostadas acima são resultado da captação e processamento de dados aritméticos constantes das Leis Orçamentárias Anuais dos respectivos anos e demonstram a necessidade de equacionamento dos importes de previdência e assistência social.

Anexo B: Estudos e Valores de Contribuições Previdenciárias Arrecadadas pela Justiça do Trabalho

ARRECADAÇÃO DA JUSTIÇA DO TRABALHO						
Ano	Custas Arrecadadas	Emolumentos Arrecadados	INSS	Imposto de Renda	Multas	Total
2010	29.406.988,81	16.041.226,98	2.278.789.741,93	149.765.608,47	2.228.457,41	**2.476.232.023,60**
2009	221.787.700,61	10.476.778,81	1.669.614.741,99	1.240.570.613,25	18.124.457,32	**3.160.574.291,98**
2008	202.541.959,14	9.778.122,40	1.475.724.767,30	1.233.030.560,60	21.566.871,84	**2.942.642.281,28**
2007	188.230.102,22	8.621.329,38	1.260.865.302,41	1.140.977.128,50	10.721.288,92	**2.609.415.151,43**
2006	146.780.507,90	5.657.499,39	1.009.435.287,48	991.738.117,90	9.218.173,04	**2.162.829.585,71**
2005	138.248.642,22	4.799.597,78	990.635.687,16	956.570.571,73	2.591.011,65	**2.092.845.510,54**
2004	119.823.377,47	4.648.634,93	962.812.972,40	749.435.945,10	0	**1.836.720.929,90**
2003	92.476.958,39	4.520.933,40	668.029.016,40	572.194.408,20	0	**1.337.221.316,39**

Notas:

1) Os valores estão expressos em Reais (R$);

2) As multas são aquelas aplicadas pelos órgãos de fiscalização das relações de trabalho;

3) Os dados do ano de 2010 se referem apenas aos meses de janeiro e fevereiro. O que possivelmente justificou o expressivo valor arrecadado, a título de INSS naqueles meses iniciais, foi o repasse de valores antigos e, por certo, represados no âmbito do TRT15, atingindo considerável valor, ainda no início do ano.

VALORES PAGOS AOS RECLAMANTES PELA JUSTIÇA DO TRABALHO	
ANO	VALOR
2010	1.221.377.255,87
2009	10.327.683.988,96
2008	9.880.897.356,68
2007	9.893.591.226,38
2006	8.215.089.906,88
2005	7.186.296.442,77
2004	5.921.228.231,09
2003	5.038.809.649,29

Notas:

1) Os valores estão expressos em Reais (R$);

2) No ano de 2010, os valores coletados são referentes aos dois primeiros meses do ano. Os dados dos TRTs das 1ª, 7ª, 11ª e 21ª Regiões, até o momento de conclusão deste livro, não haviam sido enviados nem consolidados no Boletim Estatístico das Varas do Trabalho.

VALORES PAGOS AOS RECLAMANTES NO ANO DE 2009 PELA JUSTIÇA DO TRABALHO*			
Regiões Judiciárias	Decorrente de Execução	Decorrente de Acordo	Total
1ª – RJ	218.906.132,79	383.108.936,41	602.015.069,20
2ª – SP	1.716.134.632,52	183.935.257,86	1.900.069.890,38
3ª – MG	702.493.904,43	372.890.093,77	1.075.383.998,20
4ª – RS	922.596.888,16	243.026.747,75	1.165.623.635,91
5ª – BA	373.265.847,24	260.740.643,57	634.006.490,81
6ª – PE	270.116.596,40	92.104.082,52	362.220.678,92
7ª – CE	42.065.392,71	25.831.854,91	67.897.247,62
8ª - PA e AP	137.101.844,01	177.845.158,83	314.947.002,84
9ª – PR	662.970.456,88	420.344.467,19	1.083.314.924,07
10ª - DF e TO	212.822.196,37	72.141.904,77	284.964.101,14
11ª - AM e RR	141.575.397,49	39.448.137,49	181.023.534,98
12ª – SC	191.978.720,58	64.131.218,24	256.109.938,82
13ª – PB	45.049.138,00	34.714.383,34	79.763.521,34
14ª - RO e AC	57.555.497,42	24.154.746,93	81.710.244,35
15ª - Campinas/SP	684.611.822,41	403.152.994,69	1.087.764.817,10
16ª – MA	46.319.200,52	27.325.833,69	73.645.034,21
17ª – ES	255.480.624,17	42.978.831,34	298.459.455,51
18ª – GO	129.318.56,97	75.902.263,64	205.220.780,61
19ª – AL	69.933.861,34	37.099.460,16	107.033.321,50
20ª – SE	45.972.389,23	70.040.109,91	116.012.499,14
21ª – RN	80.954.559,90	33.327.407,37	114.281.967,27
22ª – PI	26.251.362,83	8.630.695,45	34.882.058,28
23ª – MT	65.591.878,21	59.816.018,40	125.407.896,61
24ª – MS	36.262.072,93	39.663.807,22	75.925.880,15
Total	7.135.328.933,51	3.192.355.055,45	10.327.683.988,96

Notas:

1) Os valores estão expressos em Reais (R$).

VALORES ARRECADADOS AO INSS NO ANO DE 2009 **	
REGIÕES JUDICIÁRIAS	VALOR
1ª – RJ	353.225.763,54
2ª – SP	201.290.763,06
3ª – MG	186.585.657,78
4ª – RS	170.098.901,38
5ª – BA	64.609.753,33
6ª – PE	35.537.833,92
7ª – CE	14.377.079,47
8ª - PA e AP	42.247.040,40
9ª – PR	172.226.009,65
10ª - DF e TO	26.488.546,21
11ª - AM e RR	18.204.730,46
12ª – SC	43.938.741,89
13ª – PB	13.213.337,72
14ª - RO e AC	15.053.931,77
15ª - Campinas/SP	171.531.110,27
16ª – MA	7.942.917,18
17ª – ES	21.950.192,17
18ª – GO	28.201.046,97
19ª – AL	10.278.395,77
20ª – SE	7.559.390,76
21ª – RN	22.964.807,91
22ª – PI	6.333.222,16
23ª – MT	18.567.844,40
24ª – MS	17.187.723,82
Total	1.669.614.741,99

Notas:

1) Os valores estão expressos em Reais (R$)

2) Dados extraídos do Tribunal Superior do Trabalho (TST) com valores em fase de consolidação.

ÍNDICE DE RECUPERAÇÃO DE CRÉDITO PREVIDENCIÁRIO NO ANO DE 2009	
Regiões Judiciárias	Índices
2ª – SP	IRC (SP) = 10,59%
4ª – RS	IRC (RS) = 14,59%
5ª – BA	IRC (BA) = 10,19%
6ª – PE	IRC (PE) = 9,8%
7ª – CE	IRC (CE) = 21,17%
12ª – SC	IRC (SC) = 17,16%
MÉDIA NACIONAL	IRC (BR) = 16,17%

Notas:

1) O critério de construção desta tabela levou em conta os dados das tabelas referentes ao ano de 2009 deste mesmo anexo (*) e (**). O raciocínio desenvolvido considerou a proporção entre verbas pagas aos reclamantes (alimentares imediatas) e repassadas ao fundo previdenciário a título de contribuição de empregados e empregadores sobre remuneração/folha de salário (alimentares mediatas). A fórmula utilizada para o denominado Índice de Recuperação de Crédito (IRC) é justamente a razão entre o valor total arrecadado por uma região a título de INSS dividido pelo valor total repassado aos reclamantes num mesmo tribunal por ano. Esse valor permite verificar o quanto se prestigia qualitativamente os desígnios inseridos nas normas de custeio da previdência e o índice de sucesso arrecadatório relativamente a tais incógnitas. A média nacional ou IRC (BR) levou em consideração a soma de todos os valores arrecadados a título de previdência num ano dividido pela soma dos valores repassados para os reclamantes em todos os tribunais no mesmo ano. Esse índice permite tanto verificar a razão entre verbas recolhidas quanto distorções entre tribunais regionais. As respostas estatísticas desproporcionais, decerto, representam tanto potencialidades econômicas específicas de cada região, quanto motivos jurídicos, tais como: diferentes critérios de cálculos de previdência aplicados pelos diferentes tribunais e a assunção ou reconhecimento da competência dos próprios tribunais para execução de vínculo clandestino reconhecido em acordo ou sentença. Variação de preocupação entre tribunais na competência, insistência e priorização arrecadatória das contribuições previdenciárias também pode justificar parte das discrepâncias encontradas.

VALORES ARRECADADOS AO INSS NO ANO DE 2008 PELA JUSTIÇA DO TRABALHO	
REGIÕES JUDICIÁRIAS	VALOR
1ª – RJ	173.813.284,68
2ª – SP	223.257.826,60
3ª – MG	162.330.622,38
4ª – RS	159.366.331,79
5ª – BA	67.954.022,68
6ª – PE	46.174.116,41
7ª – CE	13.328.162,61
8ª - PA e AP	48.315.507,80
9ª – PR	142.951.242,45
10ª - DF e TO	26.307.978,67
11ª - AM e RR	15.588.595,42
12ª – SC	38.065.222,17
13ª – PB	28.504.631,31
14ª - RO e AC	10.130.848,17
15ª - Campinas/SP	183.864.606,55
16ª – MA	7.584.459,48
17ª – ES	20.592.924,28
18ª – GO	23.622.001,36
19ª – AL	16.489.206,63
20ª – SE	6.823.788,06
21ª – RN	23.512.314,32
22ª – PI	7.186.596,07
23ª – MT	14.847.715,67
24ª – MS	15.112.761,74
Total	1.475.724.767,30

Notas:

1) Os valores estão expressos em Reais (R$).

VALORES PAGOS AOS RECLAMANTES NO ANO DE 2008 PELA JUSTIÇA DO TRABALHO			
Regiões Judiciária	Decorrente de Execução	Decorrente de Acordo	Total
1ª – RJ	296.806.000,67	602.543.826,82	899.349.827,49
2ª – SP	1.598.467.337,93	156.556.158,48	1.755.023.496,41
3ª – MG	500.856.497,99	349.890.855,45	850.747.353,44
4ª – RS	699.376.042,79	245.328.915,23	944.704.958,02
5ª – BA	445.240.436,61	195.623.866,04	640.864.302,65
6ª – PE	246.224.317,67	87.032.288,56	333.256.606,23
7ª – CE	37.310.525,73	25.098.822,98	62.409.348,71
8ª – PA e AP	216.096.268,47	147.947.116,94	364.043.385,41
9ª – PR	551.012.246,56	407.926.932,44	958.939.179,00
10ª - DF e TO	168.897.801,32	83.769.804,22	252.667.605,54
11ª - AM e RR	99.648.895,60	39.422.827,24	139.071.722,84
12ª – SC	231.352.286,68	57.617.005,36	288.969.292,04
13ª – PB	176.802.641,97	32.165.917,80	208.968.559,77
14ª - RO e AC	43.535.922,14	21.237.101,85	64.773.023,99
15ª - Campinas/SP	766.213.255,04	375.743.010,76	1.141.956.265,80
16ª – MA	52.211.448,43	22.095.393,69	74.306.842,12
17ª – ES	179.540.012,85	39.432.272,03	218.972.284,88
18ª – GO	85.024.336,66	69.083.722,91	154.108.059,57
19ª – AL	63.308.491,02	33.278.807,37	96.587.298,39
20ª – SE	158.491.027,63	31.291.581,42	189.782.609,05
21ª – RN	95.263.721,70	31.709.127,36	126.972.849,06
22ª – PI	20.834.709,93	7.949.244,79	28.783.954,72
23ª – MT	63.501.854,27	52.653.701,12	116.155.555,39
24ª – MS	52.965.880,72	42.517.095,44	95.482.976,16
Total	6.848.981.960,38	3.157.915.396,30	10.006.897.356,68

Notas:

1) Os valores estão expressos em Reais (R$).

ÍNDICE DE RECUPERAÇÃO DE CRÉDITO PREVIDENCIÁRIO NO ANO DE 2008	
Regiões Judiciárias	Índices
2ª – SP	IRC (SP) = 12,72%
4ª – RS	IRC (RS) = 16,87%
5ª – BA	IRC (BA) = 10,60%
6ª – PE	IRC (PE) = 13,85% (ERRO?)
7ª – CE	IRC (CE) = 21,35%
12ª – SC	IRC (SC) = 13,17%
MÉDIA NACIONAL	IRC (BR) = 14,74%

Notas:

1) Realizamos acompanhamento periódico nas arrecadações de INSS realizadas e fornecidas pelo Tribunal Superior do Trabalho, particularmente, no ano de 2008, e nada justificou o alto valor relativo (IRC) divulgado no primeiro semestre daquele ano, senão provável erro no cômputo ou repasse dos dados pelo TRT6 e/ou do TST, na alimentação da planilha divulgada, porque, em princípio, tanto aspectos jurídicos quanto socioeconômicos não variaram de modo a justificar o salto no IRC (PE), mais que duplicando de um ano a outro — e apenas neste ano —, quando, em todos os demais estudados, anteriores ou posteriores, voltou a índices de apenas um dígito — real padrão daquele Estado da Federação. Outra possibilidade a justificar os valores encontrados é a alimentação de importes, a título arrecadatório de INSS, realizada no ano de 2008, corresponderem a acúmulos não somente ao ano de referência, mas também incluir valores de anos anteriores, explicando, deste modo, a discrepância numérica constatada.

EVOLUÇÃO ESTATÍSTICA ANUAL DO ÍNDICE DE RECUPERAÇÃO DE CRÉDITO PREVIDENCIÁRIO EM PERNAMBUCO E NO BRASIL ENTRE OS ANOS DE 2003 ATÉ 2009				
REGIÃO JUDICIÁRIA	IRC(PE)	MÉDIA NACIONAL	IRC (BR)	ANO
TRT 6ª Região	9,8%	MÉDIAS TRT'S	16,17%	2009
TRT 6ª Região	13,85% (ERRO?)	MÉDIAS TRT'S	14,74%	2008
TRT 6ª Região	6,29%	MÉDIAS TRT'S	12,74%	2007
TRT 6ª Região	2,85%	MÉDIAS TRT'S	12,28%	2006
TRT 6ª Região	3,18%	MÉDIAS TRT'S	13,78%	2005
TRT 6ª Região	5,03%	MÉDIAS TRT'S	16,26%	2004
TRT 6ª Região	5,65%	MÉDIAS TRT'S	13,24%	2003

Notas:

1) Considerações de valores discrepantes verificados no âmbito do TRT6 (Região Judiciária do Estado de Pernambuco), sugerem provável "ERRO" na alimentação dos dados ou acúmulo de alimentação referente a anos passados, nos valores originais extraídos das estatísticas do Tribunal Superior do Trabalho (TST) e abrangendo dados do ano de 2008, conforme sugerem os dados de IRC progressivos no tempo acostados e processados.

Anexo C: Íntegra do Julgado — Processo STF, RE n. 569.056/PA

Supremo Tribunal Federal **848**

Coordenadoria de Análise de Jurisprudência
DJe nº 236 Divulgação 11/12/2008 Publicação 12/12/2008
Ementário nº 2345 - 5

11/09/2008   TRIBUNAL PLENO

RECURSO EXTRAORDINÁRIO 569.056-3 PARÁ

RELATOR	: MIN. MENEZES DIREITO
RECORRENTE(S)	: INSTITUTO NACIONAL DO SEGURO SOCIAL - INSS
ADVOGADO(A/S)	: GABRIEL PRADO LEAL
RECORRIDO(A/S)	: DARCI DA SILVA CORREA
ADVOGADO(A/S)	: MARIA DE FÁTIMA PINHEIRO DE OLIVEIRA
RECORRIDO(A/S)	: ESPÓLIO DE MARIA SALOMÉ BARROS VIDAL

EMENTA

Recurso extraordinário. Repercussão geral reconhecida. Competência da Justiça do Trabalho. Alcance do art. 114, VIII, da Constituição Federal.

1. A competência da Justiça do Trabalho prevista no art. 114, VIII, da Constituição Federal alcança apenas a execução das contribuições previdenciárias relativas ao objeto da condenação constante das sentenças que proferir.

2. Recurso extraordinário conhecido e desprovido.

ACÓRDÃO

Vistos, relatados e discutidos estes autos, acordam os Ministros do Supremo Tribunal Federal, em sessão plenária, sob a presidência da Sr. Ministro Gilmar Mendes, na conformidade da ata do julgamento e das notas taquigráficas, por unanimidade de votos, em desprover o recurso, nos termos do voto do Relator.

Brasília, 11 de setembro de 2008.

MINISTRO MENEZES DIREITO
Relator

Supremo Tribunal Federal

849

11/09/2008

TRIBUNAL PLENO

<u>RECURSO EXTRAORDINÁRIO 569.056-3 PARÁ</u>

RELATOR	: **MIN. MENEZES DIREITO**
RECORRENTE(S)	: INSTITUTO NACIONAL DO SEGURO SOCIAL - INSS
ADVOGADO(A/S)	: GABRIEL PRADO LEAL
RECORRIDO(A/S)	: DARCI DA SILVA CORREA
ADVOGADO(A/S)	: MARIA DE FÁTIMA PINHEIRO DE OLIVEIRA
RECORRIDO(A/S)	: ESPÓLIO DE MARIA SALOMÉ BARROS VIDAL

RELATÓRIO

O EXMO. SR. MINISTRO MENEZES DIREITO:

O Instituto Nacional do Seguro Social – INSS interpõe recurso extraordinário (fls. 64 a 77), com fundamento na alínea "a" do permissivo constitucional, contra acórdão da Segunda Turma do Tribunal Superior do Trabalho - TST, assim ementado:

> *"AGRAVO DE INSTRUMENTO EM RECURSO DE REVISTA. COMPETÊNCIA DA JUSTIÇA DO TRABALHO. CONTRIBUIÇÕES PREVIDENCIÁRIAS. ARTIGO 114, § 3º, DA CONSTITUIÇÃO. É competente esta Justiça especializada para executar as contribuições previdenciárias, incidentes sobre as verbas salariais deferidas ao obreiro pelo título judicial exeqüendo – sentença ou acordo homologado (artigo 114, § 3º, da Constituição, na redação da Emenda nº 20, de 15/12/1998, atual artigo 114, VIII). Por outro lado, a execução de contribuições sociais decorrentes de salários pagos no curso do contrato de trabalho, reconhecido em Juízo, encontra-se dirimida na Súmula 368, item I, TST, com a qual a decisão do Tribunal do Trabalho encontra-se em consonância. Incidência do disposto no artigo 896, §§ 2º e 4º da CLT. Agravo conhecido e desprovido"* (fl. 56).

O recorrente demonstrou a repercussão geral; o esgotamento das vias recursais infraconstitucionais, com base na Súmula nº 353 do TST, segundo a qual não cabem embargos à Seção de Dissídios Individuais; e a índole constitucional da tese defendida, amparando-se em decisão da eminente Ministra **Cármen Lúcia** no AI nº 643.209/MT, julgado em 2/3/07, que determinou a subida de recurso extraordinário em que se discutia questão idêntica.

No mérito, sustenta que o teor da Súmula nº 368, I, *"parte da premissa de que as contribuições mencionadas no art. 114, inc. VIII, da Constituição*

RE 569.056 / PA

Federal apenas decorrem diretamente das sentenças proferidas pela Justiça do Trabalho, quando tais decisões implicarem pagamento de verbas sujeitas à incidência da exação previdenciária" (fls. 71/72).

Para o INSS, *"tal premissa é equivocada, pois não encontra guarida em nosso ordenamento jurídico"* (fl. 72). E prossegue:

> *"Sabe-se que as contribuições sociais possuem natureza jurídica de tributo, e que, como tal, são devidas a partir da ocorrência de **seu fato gerador**. No caso das contribuições previdenciárias, a própria Constituição Federal aponta no sentido de que o seu fato gerador **não ocorre com o pagamento da remuneração** a aquele que presta serviços, mas **sim com a efetiva prestação dos serviços**.*
>
> *O art. 195, CF/88, ao utilizar as expressões 'demais rendimentos do trabalho' e 'pessoa física que lhe preste serviços', deixa claro que a contribuição do tomador dos serviços (empregador, empresa, etc.) é devida não apenas em razão dos pagamentos efetuados, mas sim em razão do trabalho remunerado que é exercido por aquele que lhe presta serviços"* (fls.72/73).

Para concluir, registra a alteração promovida no art. 876 da Consolidação das Leis do Trabalho – CLT, que determina a execução de ofício das contribuições sociais, *"inclusive sobre os salários pagos durante o período contratual reconhecido"*, e anota que a Súmula nº 401 do TST estabelece o dever de execução das contribuições mesmo que a sentença condenatória não tenha se manifestado expressamente sobre o desconto previdenciário, o que comprovaria o *"efeito anexo condenatório"* (fl. 75) conferido a todas as sentenças trabalhistas nesse ponto.

Não há contra-razões (fl. 80).

O recurso extraordinário foi admitido, conforme decisão de folhas 80 a 83, proferida com respaldo, também, na decisão do Ministro **Ricardo Lewandowski** no AI nº 657.844/PE, assim lavrada:

> *"Trata-se de agravo de instrumento contra decisão que negou seguimento a recurso extraordinário.*
> *O acórdão recorrido, adotando entendimento consubstanciado no item I da Súmula 368 do TST, entendeu pela incompetência da Justiça do Trabalho para executar as contribuições previdenciárias incidentes sobre parcelas recebidas pelo empregado no período de vigência do contrato, quando há tão-somente reconhecimento de vínculo de emprego na sentença.*

Supremo Tribunal Federal

RE 569.056 / PA

No RE, interposto com base no art. 102, III, a, da Constituição, alegou-se ofensa aos arts. 109, I, e 114, § 3º, da mesma Carta.

A questão é relevante.

Assim, preenchidos os requisitos de admissibilidade do recurso, dou provimento ao agravo de instrumento e determino a subida dos autos principais para melhor exame da matéria."

A existência de repercussão geral foi reconhecida, conforme acórdão de folha 95:

"**Processo Trabalhista. Competência para executar as contribuições previdenciárias decorrentes de todo o período laboral. Artigo 114, § 3º da Constituição Federal.**
Decisão: O Tribunal reconheceu a existência de repercussão geral da questão constitucional suscitada, vencidos os Ministros Celso de Mello e Cezar Peluso."

É o relatório.

RE 569.056 / PA

VOTO

O EXMO. SR. MINISTRO MENEZES DIREITO:

A recorrida ajuizou reclamação trabalhista contra o espólio de Maria Salomé Barros Vidal à 4ª Vara do Trabalho de Belém em 31/3/2000, pleiteando verbas não pagas do período entre 17/10/95 a 15/2/2000. A sentença, proferida em 10/4/2000, decretou a revelia da reclamada e a condenou, além da anotação do contrato de trabalho, ao pagamento de salário retido, do aviso prévio, do 13º salário, de férias em dobro, de férias simples, de férias proporcionais e de adicional de férias (fls. 11/12).

Em 10/8/05, sustentando estar vinculado ao disposto em sua Instrução Normativa de nº 100, e amparando-se na jurisprudência do Tribunal Superior do Trabalho, o INSS requereu a execução das contribuições previdenciárias relativas ao período do vínculo empregatício reconhecido (fls. 14 a 17), o que foi indeferido pelo Juiz do Trabalho com apoio na preclusão. Dessa decisão, o INSS interpôs agravo de petição defendendo a natureza cogente da norma, o que afastaria a preclusão, e a abrangência do art. 114, VIII, da Constituição Federal, que alcançaria não só as contribuições previdenciárias devidas conjuntamente com o pagamento dos salários determinado na condenação, mas também aquelas que deveriam ser pagas no âmbito do contrato de trabalho reconhecido, independentemente de condenação.

A Segunda Turma do Tribunal Regional do Trabalho da 8ª Região, por maioria, desproveu o agravo. O Relator entendeu que

*"(...)
Na ação trabalhista, o fato gerador de contribuições previdenciárias é o pagamento de valores correspondentes a parcelas integrantes do salário-de-contribuição (art. 28 da L. 8.212/91), à vista ou parcelado, resultante de sentença condenatória ou de conciliação homologada, efetivado diretamente ao credor trabalhista ou mediante depósito da condenação para extinção do processo ou liberação de depósito judicial ao credor ou ao seu representante legal, atentando-se ao cálculo homologado, do qual será o INSS necessariamente intimado (art. 879, § 3º, da CLT)"* (fl. 29).

Através de recurso de revista (fls. 38 a 42), o INSS insistiu na tese, aduzindo que *"da análise conjugada dos preceitos constitucionais"* (fl. 41) haveria *"clara e inequívoca intenção do constituinte de incumbir à Justiça do Trabalho o dever de zelar pelo efetivo recolhimento das obrigações do Reclamante e do Reclamado junto à*

RE 569.056 / PA

Seguridade Social, quando decorrente de sentença por ela proferida" (fl. 41).

Como a Vice-Presidência do Tribunal Regional do Trabalho da 8ª Região negou seguimento ao recurso ao decidir que o acórdão recorrido encontrava respaldo na jurisprudência já sumulada do TST (Súmula nº 368, I), o INSS manejou agravo de instrumento, que resultou na decisão ora recorrida, que também remete à Súmula nº 368, I, do Tribunal Superior do Trabalho, assim redigida:

> *"DESCONTOS PREVIDENCIÁRIOS E FISCAIS. COMPETÊNCIA. RESPONSABILIDADE PELO PAGAMENTO. FORMA DE CÁLCULO. (Conversão das Orientações Jurisprudenciais nºs 32, 141 e 228 da SDI-1) (inciso I alterado pela Res. 138/2005, DJ 23.11.05).*
> *I. A Justiça do Trabalho é competente para determinar o recolhimento das contribuições fiscais. A competência da Justiça do Trabalho, quanto à execução das contribuições previdenciárias, limita-se às sentenças condenatórias em pecúnia que proferir e aos valores, objeto de acordo homologado, que integrem o salário de contribuição. (ex-OJnº 141 – Inserida em 27.11.1998)".*

O exame deve partir da correta interpretação do art. 114, VIII, da Constituição da República que tem a redação que se segue:

> *"Art. 114. Compete à Justiça do Trabalho processar e julgar:*
> ....
> *VIII – a execução, de ofício, das contribuições sociais previstas no art. 195, I, a, e II, e seus acréscimos legais, decorrentes das sentenças que proferir".*

A norma foi inserida pela Emenda Constitucional nº 20/98, passando a figurar em seu parágrafo terceiro. Foi deslocada para o inciso VIII com a Emenda Constitucional nº 45/04. Desde 1998, portanto, a Justiça do Trabalho detém a competência ali descrita.

O que cabe a esta Corte definir por meio deste recurso extraordinário é o alcance dessa norma constitucional, isto é, se a execução de ofício das contribuições sociais a que se refere deve ser somente no tocante àquelas devidas sobre os valores da prestação estipulada em condenação ou acordo ou se alcança também as contribuições devidas no período da relação de trabalho que venha a ser reconhecida na decisão.

Inicialmente a jurisprudência do Tribunal Superior do Trabalho inclinou-se pela interpretação abrangente, consolidada na Súmula nº 368, que estabelecia em

RE 569.056 / PA

sua redação original:

> "A Justiça do Trabalho é competente para determinar o recolhimento das contribuições previdenciárias e fiscais provenientes das sentenças que proferir. A competência da Justiça do Trabalho para execução das contribuições previdenciárias alcança as parcelas integrantes do salário de contribuição, pagas em virtude de contrato, ou de emprego reconhecido em juízo, ou decorrentes de anotação da Carteira de Trabalho e Previdência Social - CTPS, objeto de acordo homologado em juízo. (ex-OJ nº 141. Inserida em 27.11.1998)".

Essa orientação, fixada pela Resolução nº 125, de 5 de abril de 2005, foi superada pouco tempo depois por um entendimento restritivo, segundo o qual somente as contribuições previdenciárias decorrentes de sentenças condenatórias em pecúnia e de valores estipulados em acordo homologado, que integrem o salário de contribuição, poderão ser executadas na Justiça trabalhista. Por meio da Resolução nº 138, de 10 de novembro de 2005, a Súmula nº 368, em seu item I, ganhou então a atual redação, já anteriormente transcrita.

Essa modificação teria se dado, como aponta **Marco Aurélio Lustosa Caminha**, em virtude da insatisfação gerada pelo procedimento adotado pelo INSS, que, embora viesse recebendo as contribuições pagas pelo período reconhecido, não as depositava em nome do trabalhador e ao mesmo tempo continuava a dele exigir a prova do tempo de serviço para fins previdenciários (Efeitos da Sentença Trabalhista Perante a Previdência Social Ante a Competência Ampliada da Justiça do Trabalho. *in* Revista de Previdência Social. São Paulo. Ano XXXI, nº 318, págs. 429 a 435).

Ocorre que em 16 de março de 2007, por força de dispositivo inserido na Lei nº 11.457/07 (Lei da "Super-Receita"), o parágrafo único do art. 876 da CLT recebeu a seguinte e nova redação:

> "Art. 876. (...)
>
> Parágrafo único. Serão executadas **ex-officio** as contribuições sociais devidas em decorrência de decisão proferida pelos Juízes e Tribunais do Trabalho, resultantes de condenação ou homologação de acordo, inclusive sobre os salários pagos durante o período contratual reconhecido".

Para boa parte da doutrina, essa alteração legal vai de encontro à orientação representada na Súmula nº 368, I, e impõe a sua superação. Esse é um dos

Supremo Tribunal Federal

855

RE 569.056 / PA

argumentos explorados pelo recurso extraordinário.

Para a solução da questão posta nos autos, na minha compreensão, é importante compreender o funcionamento da Justiça do Trabalho, especialmente após as reformas que ampliaram sua competência, e a natureza de suas decisões.

Tradicionalmente, à Justiça do Trabalho competia a conciliação e o julgamento dos dissídios individuais e coletivos entre trabalhadores e empregadores para o reconhecimento de direitos trabalhistas (competência específica).

Essa competência foi paulatinamente acrescida de atribuições para execução de suas sentenças (Decreto-Lei nº 1.237/39 – competência executória) e para a apreciação de conflitos decorrentes da relação de trabalho (competência decorrente).

Com a Emenda Constitucional nº 45/04, o art. 114 da Constituição da República passou a enumerar, em 9 (nove) incisos, todas as competências dessa Justiça especializada, o que serviu em grande parte para o esclarecimento de suas reais atribuições. A norma do inciso VIII, que nos interessa aqui, já constava do anterior § 3º desde a Emenda nº 20/98 como antes anotei.

De fato, seja em termos quantitativos, seja em termos de importância estratégica, a adição da competência para a execução de contribuições previdenciárias representa enorme transformação do perfil da Justiça laboral, vez que recebeu competência típica de direito previdenciário, fazendo com que passasse a desenvolver *"uma liquidação paralela e concomitante com a dos créditos do trabalhador e que é de interesse do INSS"* (**Amauri Mascaro Nascimento**. Curso de Direito do Trabalho – História e Teoria geral do Direito do Trabalho, Relações Individuais e Coletivas do Trabalho. 17 ed. São Paulo: Saraiva, 2001; pág. 208).

Em verdade, a Justiça do Trabalho, mesmo em sua conformação tradicional, nunca se limitou ao reconhecimento de direitos e deveres de cunho essencialmente patrimonial, proferindo decisões de caráter declaratório (reconhecimento de vínculo ou de tempo de emprego) com finalidade notadamente previdenciária, como assinalam **Carina Bellini Cancella** e **Marcos Neves Fava**:

> *"As sentenças proferidas na Justiça Trabalhista, além de declarar a existência de direitos patrimoniais ao trabalhador, que serão objeto de regular liquidação de sentença, também podem reconhecer a existência de vínculo de emprego entre as partes, determinando seu imediato registro, pela reclamada, em carteira de trabalho e previdência*

RE 569.056 / PA

social do empregado. Providência absolutamente quotidiana no foro especializado, ante o indecente quadro da informalidade nas relações de trabalho no Brasil" (Efetividade da Jurisdição Trabalhista e Recolhimentos Previdenciários – Crítica à Revogação da Súmula 368 do Tribunal Superior do Trabalho – CLT Dinâmica Doutrina – TRT 2ª Região - http://www.trt02.gov.br/geral/tribunal2/Legis/CLT/Doutrina/MNF_09_09_06_5.html).

Antes da inclusão da competência executória relativamente às contribuições sociais, cabia ao INSS, diante da decisão que reconhecia o vínculo ou que condenava ao pagamento de verbas salariais, promover o lançamento, a inscrição na dívida ativa e, posteriormente, a cobrança dos respectivos valores na Justiça Federal.

Com a modificação, pretendeu-se que o próprio órgão da Justiça do Trabalho pudesse iniciar e conduzir a execução das contribuições sociais, sem lançamento, sem inscrição em dívida ativa e sem ajuizamento de ação de execução.

A intenção, sem dúvida, dirige-se para a maior eficácia do sistema de arrecadação da Previdência Social. E não se pode dizer que houve uma subversão desse procedimento porque a eliminação de diversas fases da constituição do crédito tributário está respaldada na Constituição da República, tendo se convertido no devido processo legal ora vigente. O processo legal substituído era tão somente o devido processo legal antes adotado. Não há nenhuma irregularidade ou inconstitucionalidade nessa modificação.

Mas a legitimidade dessa mudança de regras não significa uma automática aceitação dos efeitos e do alcance pretendidos pelo INSS.

De início, é bom dizer que admitir, por exemplo, a execução de uma contribuição social atinente a um salário cujo pagamento foi determinado na sentença trabalhista, ou seja, juntamente com a execução do valor principal e que lhe serve como base de cálculo, é bem diverso de admitir a execução de uma contribuição social atinente a um salário cujo pagamento não foi objeto da decisão, e que, portanto, não poderá ser executado e cujo valor é muitas vezes desconhecido.

Nesse ponto, o INSS pretende que se conduza a execução dessa contribuição nos termos do Regulamento da Previdência Social como se segue:

"Art. 276. Nas ações trabalhistas de que resultar o pagamento de direitos sujeitos à incidência de contribuição

RE 569.056 / PA

previdenciária, o recolhimento das importâncias devidas à seguridade social será feito no dia dois do mês seguinte ao da liquidação da sentença.

....

§7º Se da decisão resultar reconhecimento de vínculo empregatício, deverão ser exigidas as contribuições, tanto do empregador como do reclamante, para todo o período reconhecido, ainda que o pagamento das remunerações a ele correspondentes não tenham sido reclamadas na ação, <u>tomando-se por base de incidência, na ordem, o valor da remuneração paga, quando conhecida, da remuneração paga a outro empregado de categoria ou função equivalente ou semelhante, do salário normativo da categoria ou do salário mínimo mensal, permitida a compensação das contribuições patronais eventualmente recolhidas</u>" (Regulamento da Previdência Social - Decreto nº 3.408/1999 - parágrafo acrescentado pelo Decreto nº 4.032, de 26/11/2001 – grifou-se).

No que concerne à contribuição social referente ao salário cujo pagamento foi determinado em decisão trabalhista, é fácil identificar o crédito exeqüendo e, conseqüentemente, admitir a substituição das etapas tradicionais de sua constituição por ato de ofício do próprio Magistrado. O lançamento, a notificação e a apuração são todos englobados pela intimação do devedor para o seu pagamento. Afinal, a base de cálculo é o valor mesmo do salário.

Por sua vez, a contribuição social referente a salário cujo pagamento não foi objeto da sentença condenatória ou mesmo de acordo dependeria, para ser executada, da constituição do crédito pelo Magistrado sem que este tivesse determinado o pagamento ou o crédito do salário, que é exatamente a sua base e justificação.

Diga-se que a própria redação da norma dá ensejo a um equivocado entendimento do problema ao determinar que caberá à Justiça do Trabalho a execução de ofício **das contribuições sociais**. Ora, o que se executa não é a contribuição social, mas o título que a corporifica ou representa, assim como o que se executa no Juízo Comum não é o crédito representado no cheque, mas o próprio cheque.

O requisito primordial de toda execução é a existência de um título, judicial ou extrajudicial.

No caso da contribuição social atrelada ao salário objeto da condenação, é fácil perceber que o título que a corporifica é a própria sentença cuja execução, uma vez que contém o comando para o pagamento do salário, envolve o cumprimento do dever legal de retenção das parcelas devidas ao sistema

RE 569.056 / PA

previdenciário.

De outro lado, entender possível a execução de contribuição social desvinculada de qualquer condenação ou transação seria consentir em uma execução sem título executivo, já que a sentença de reconhecimento do vínculo, de carga predominantemente declaratória, não comporta execução que origine o seu recolhimento.

No caso, a decisão trabalhista que não dispõe sobre o pagamento de salários, mas apenas se limita a reconhecer a existência do vínculo não constitui título executivo judicial no que se refere ao crédito de contribuições previdenciárias, como está no magistério de **Gustavo Filipe Barbosa Garcia**:

> "Mesmo que a decisão reconheça a existência do contrato de trabalho, não haveria pedido específico, de tutela jurisdicional quanto às contribuições relativas às remunerações 'auferidas' no decorrer do vínculo de emprego, formulada pela parte legitimada. Com isso, não há como existir provimento jurisdicional reconhecendo como devidas estas contribuições previdenciárias, nem muito menos condenando no seu recolhimento, sob pena de se tratar de decisão fora dos limites da lide, **extra petita** e em violação ao contraditório. Ou seja, com relação a estas contribuições, é evidente a ausência de título executivo judicial em que se pudesse fundar a execução, que também não se baseia em título executivo extrajudicial, pois nada se menciona a respeito de certidão de dívida ativa" (A Nova Redação da Súmula nº 368 do TST e as Contribuições Previdenciárias Referentes a Vínculo de Emprego Reconhecido pela Justiça do Trabalho. In Revista LTr. São Paulo: LTr. Ano 70. n.1. janeiro de 2006. págs. 54/59).

A própria Constituição (art. 114, VIII), continua **Gustavo Felipe Barbosa Garcia**, indica que a causa para a execução de ofício das contribuições previdenciárias é a decisão da Justiça do Trabalho ao se referir a contribuições *"decorrentes das sentenças que proferir"*:

> "Decorrer (como verbo transitivo indireto) quer dizer 'ter origem em; proceder, derivar'. Portanto, somente as contribuições que tenham origem na sentença trabalhista, ou seja, dela procedam, é que podem ser executadas neste ramo do Poder Judiciário. Apenas as contribuições incidentes sobre as parcelas de natureza remuneratória, objeto de condenação na decisão, é que são 'decorrentes' desta.
> Quanto às contribuições previdenciárias que incidem sobre as remunerações 'auferidas' no curso do contrato de trabalho, jamais têm origem na sentença, ainda que esta declare, ou seja, reconheça a relação de emprego.

RE 569.056 / PA

Na realidade, estas contribuições, que tiveram incidência durante o vínculo empregatício, são decorrentes: da remuneração auferida (assim entendida a totalidade dos rendimentos pagos, devidos ou creditados) durante o mês, no curso do pacto laboral, pelo empregado (Lei n. 8.212/91, atrs. 20 e 28) das remunerações pagas, devidas ou creditadas pela empresa aos seus empregados, durante o mês, também ao longo da relação de emprego (Lei n. 8.212/91, arts. 22, I e II, e 24). Estas é que são as efetivas origens das quais derivam estas contribuições, e não o provimento jurisdicional em si" (op.cit. pág. 56).

Nesse ponto o problema se volta para o fato gerador da obrigação parafiscal.

Segundo a jurisprudência do Superior Tribunal de Justiça, o fato gerador da contribuição não é o pagamento, mas a mera existência da relação de trabalho (REsp nº 503.453/SC, Relator o Ministro **João Otávio de Noronha**, DJ de 25/10/06; AgRg no Ag nº 550.961/SC, Relator o Ministro **Franciulli Netto**, DJ de 2/5/05; AgRg no Ag nº 618.570/PR, Relator o Ministro **Francisco Falcão**, DJ de 14/3/05; REsp nº 633.807/SC, DJ de 6/12/04, e REsp nº 419.667/RS, DJ de 10/3/03, estes últimos tendo como Relator o Ministro **Luiz Fux**).

Essa jurisprudência foi construída no julgamento de questões que envolviam a definição da data de recolhimento das contribuições previdenciárias, diante do que dispõe o parágrafo primeiro do art. 459 da CLT (que permite o pagamento dos salários até o 5º (quinto) dia útil do mês seguinte ao mês trabalhado) e o art. 9º da Lei nº 7.787/89 (que obriga o recolhimento da contribuição previdenciária até o 8º (oitavo) dia do mês subseqüente ao do fato gerador). Muitos contribuintes, associando os dois dispositivos, pretenderam recolher a contribuição apenas no mês seguinte ao do pagamento do salário, por entenderem que este seria o fato gerador. O Superior Tribunal de Justiça entendeu, contudo, que em conformidade com o estatuído nos arts. 3º da Lei nº 7.787/89 e 22 da Lei nº 8.212/91,

"(...) não é o pagamento dos salários o fato gerador da contribuição previdenciária, mas a relação laboral existente entre o empregador e o obreiro.
O alargamento do prazo conferido ao empregador pelo art. 459 da CLT para pagar a folha de salários até o dia cinco (5) do mês subseqüente, não assume qualquer relevância na data do recolhimento da contribuição previdenciária, porquanto ambas as leis não têm vínculo de subordinação. Aliás, ressalte-se que a lei previdenciária e a lei obreira são normas de mesmo grau hierárquico, dispondo sobre matérias diversas.

RE 569.056 / PA

>   *Observe-se, ainda, que a **ratio essendi** das normas acima transcritas revela inequívoca intenção do legislador de prever duas hipóteses caracterizadoras do fato gerador da exação previdenciária. A primeira delas incidente sobre as remunerações <u>pagas</u>, ou, ainda, sobre as remunerações <u>creditadas</u>. Nesse segmento, forçoso concluir que o fato gerador do tributo nasce com a relação jurídica trabalhista existente entre o empregador e o empregado. Como bem salientou o acórdão recorrido, uma coisa é o efetivo pagamento dos salários, outra é o direito subjetivo à aquisição do salário, donde exsurge a obrigação"* (REsp nº 419.667/RS).

O que os arts. 3º da Lei nº 7.787/89 e 22 da Lei nº 8.212/91 estabelecem é a alíquota (20%) e a base de cálculo da contribuição previdenciária (total das remunerações pagas ou creditadas aos segurados). O fato gerador não é determinado de forma inequívoca, mas das duas possíveis bases de cálculo é possível extrair duas hipóteses de incidência: o pagamento das remunerações aos segurados e o creditamento das remunerações aos segurados.

Em verdade, a conclusão a que chegou a decisão no sentido de que o fato gerador é a própria constituição da relação trabalhista inova em relação ao que foi previsto na lei e até na Constituição. Segundo o inciso I, "a", do art. 195, a contribuição social do empregador incide sobre "**<u>a folha de salários e demais rendimentos do trabalho pagos ou creditados</u>**, *a qualquer título, à pessoa física que lhe preste serviço, com ou sem vínculo empregatício*" (grifou-se).

Ora, seja semanal, quinzenal ou mensal, a folha de salários é emitida periodicamente, e periodicamente são pagos ou creditados os rendimentos do trabalho. É sobre essa folha periódica ou sobre essas remunerações periódicas que incide a contribuição. E por isso ela é devida também periodicamente, de forma sucessiva, seu fato gerador sendo o pagamento ou creditamento do salário. Não se cuida de um fato gerador único, reconhecido apenas na constituição da relação trabalhista. Mas tampouco se cuida de um tributo sobre o trabalho prestado ou contratado, a exemplo do que se dá com a propriedade ou o patrimônio, reconhecido na mera existência da relação jurídica.

Como sabido, não é possível, no plano constitucional, norma legal estabelecer fato gerador diverso para a contribuição social de que cuida o inciso I, "a" do art. 195 da Constituição Federal.

O receio de que, sendo nosso sistema de previdência social contributivo e obrigatório, a falta de cobrança de contribuição nas circunstâncias pretendidas pelo

Supremo Tribunal Federal **861**

RE 569.056 / PA

INSS não pode justificar toda uma argumentação que para atingir seu desiderato viole o art. 195 da Constituição e ainda passe ao largo de conceitos primordiais do Direito Processual Civil, como o princípio da **nulla executio sine titulo**, e do Direito das Obrigações, como os de débito e responsabilidade (**Schuld und Haftung**) que, no Direito Tributário, distinguem virtualmente a obrigação do crédito tributário devidamente constituído na forma da lei.

Com base nas razões acima deduzidas, entendo não merecer reparo a decisão do Tribunal Superior do Trabalho no sentido de que a execução das contribuições previdenciárias está no alcance da Justiça Trabalhista quando relativas ao objeto da condenação constante das suas sentenças, não abrangendo a execução de contribuições previdenciárias atinentes ao vínculo de trabalho reconhecido na decisão, mas sem condenação ou acordo quanto ao pagamento de verbas salariais que lhe possam servir como base de cálculo.

Conheço do extraordinário e lhe nego provimento.

11/09/2008   **TRIBUNAL PLENO**

RECURSO EXTRAORDINÁRIO 569.056-3 PARÁ

V O T O

O Sr. Ministro **RICARDO LEWANDOWSKI** - Senhor Presidente, eu acompanho integralmente o substancioso voto do eminente Relator para, também, negar provimento ao recurso extraordinário. E, modestamente, agrego aos seus argumentos que a execução de ofício de contribuição social antes da constituição do crédito, apenas com base em uma sentença trabalhista que reconhece a relação, o vínculo empregatício, sem fixar quaisquer valores, além de todos os argumentos aduzidos por Sua Excelência, viola, também, o direito ao contraditório e à ampla defesa que vigoram tanto no âmbito administrativo quanto no âmbito do Judiciário.

Portanto, acompanho o voto do Relator.

11/09/2008 TRIBUNAL PLENO

RECURSO EXTRAORDINÁRIO 569.056-3 PARÁ

VOTO

O SENHOR MINISTRO EROS GRAU: - Senhor Presidente, eu também, sem deixar de observar a profundidade e o cuidado com que o voto do Ministro Carlos Alberto Direito foi composto, acompanho Sua Excelência.

11/09/2008 TRIBUNAL PLENO
RECURSO EXTRAORDINÁRIO 569.056-3 PARÁ

VOTO

O SENHOR MINISTRO CEZAR PELUSO – Senhor Presidente, o eminente Relator, em longo e fundamentado voto, mostrou que há duas dificuldades: uma de ordem técnica e outra de ordem prática.

A dificuldade de ordem técnica é admitir uma execução sem título executório, isto é, sem sentença condenatória. E a segunda é a dificuldade de ordem prática, para apuração do próprio crédito.

Acompanho integralmente o voto do Relator.

11/09/2008   TRIBUNAL PLENO

RECURSO EXTRAORDINÁRIO 569.056-3 PARÁ

O SENHOR MINISTRO MARCO AURÉLIO - Presidente, a competência da Justiça do Trabalho mostra-se de direito estrito. É o que se contém na Constituição Federal. Quanto às contribuições sociais, essa competência as revela acessório, ou seja, não se pode cogitar da execução de ofício pela Justiça do Trabalho sem haver o principal: a condenação do empregador nas verbas trabalhistas. Ora, toda e qualquer execução pressupõe obrigação certa, líquida e exigível. Evidentemente, não se pode elastecer a competência da Justiça do Trabalho a ponto de apanhar até mesmo ações voltadas à cobrança em geral das contribuições sociais.

O verbete do Tribunal Superior do Trabalho, na versão final - porque a primitiva era mais abrangente -, é harmônico com a Constituição Federal.

Acompanho o relator, desprovendo o recurso.

Supremo Tribunal Federal

11/09/2008   TRIBUNAL PLENO

RECURSO EXTRAORDINÁRIO 569.056-3 PARÁ
À revisão de apartes dos Srs. Ministros Ricardo Lewandowski, Gilmar Mendes (Presidente) e Marco Aurélio.

EXPLICAÇÃO

O EXCELENTÍSSIMO SENHOR MINISTRO MENEZES DIREITO (RELATOR):

A súmula, Ministro Presidente, depois eu mando, eu fiz na própria ementa, porque é a própria ementa, uma vez que a súmula é só especificar que a competência da Justiça do Trabalho, do artigo 114, é para execução trabalhista. Pega e depois manda, aprova junto com aquele globo de ações.

O SR. MINISTRO RICARDO LEWANDOWSKI - São seis súmulas, então, pendentes.

O EXCELENTÍSSIMO SENHOR MINISTRO MENEZES DIREITO (RELATOR):

Aí fica aprovada a redação da súmula, como nós fazemos sempre. Fica aprovada a redação da súmula, só mandando o texto depois.

O SR. MINISTRO GILMAR MENDES (PRESIDENTE) - Com a ementa?

O EXCELENTÍSSIMO SENHOR MINISTRO MENEZES DIREITO (RELATOR):

Com a ementa.

RE 569.056 / PA

O SENHOR MINISTRO MARCO AURÉLIO – Já aprovada na assentada, Presidente?

O EXCELENTÍSSIMO SENHOR MINISTRO MENEZES DIREITO (RELATOR):
Aprovada, Ministro **Marco Aurélio**, a edição da súmula com relação a esse tema.

O SENHOR MINISTRO RICARDO LEWANDOWSKI – A decisão de editar a súmula.

O SENHOR MINISTRO MARCO AURÉLIO – Venho preconizando a observância do rito próprio à edição, com remessa da proposta à Comissão de Jurisprudência da Corte.

O SENHOR MINISTRO GILMAR MENDES (PRESIDENTE) – O que o Ministro Menezes Direito sugere é a aprovação da aprovação, apenas para que deliberemos sobre a aprovação.

Supremo Tribunal Federal

PLENÁRIO

EXTRATO DE ATA

RECURSO EXTRAORDINÁRIO 569.056-3
PROCED. : PARÁ
RELATOR : MIN. MENEZES DIREITO
RECTE.(S) : INSTITUTO NACIONAL DO SEGURO SOCIAL - INSS
ADV.(A/S) : GABRIEL PRADO LEAL
RECDO.(A/S) : DARCI DA SILVA CORREA
ADV.(A/S) : MARIA DE FÁTIMA PINHEIRO DE OLIVEIRA
RECDO.(A/S) : ESPÓLIO DE MARIA SALOMÉ BARROS VIDAL

Decisão: O Tribunal, por unanimidade e nos termos do voto do Relator, desproveu o recurso. Em seguida, o Tribunal, por maioria, aprovou proposta do Relator para edição de súmula vinculante sobre o tema, e cujo teor será deliberado nas próximas sessões, vencido o Senhor Ministro Marco Aurélio, que reconhecia a necessidade de encaminhamento da proposta à Comissão de Jurisprudência. Votou o Presidente, Ministro Gilmar Mendes. Ausentes, justificadamente, os Senhores Ministros Celso de Mello, Carlos Britto e Joaquim Barbosa. Falou pela Advocacia-Geral da União o Dr. Marcelo de Siqueira Freitas, Procurador-Geral Federal. Plenário, 11.09.2008.

Presidência do Senhor Ministro Gilmar Mendes. Presentes à sessão os Senhores Ministros Marco Aurélio, Ellen Gracie, Cezar Peluso, Ricardo Lewandowski, Eros Grau, Cármen Lúcia e Menezes Direito.

Vice-Procurador-Geral da República, Dr. Roberto Monteiro Gurgel Santos.

p/Luiz Tomimatsu
Secretário

Notas:

1) A presente reprodução anexada corresponde à cópia integral e original do espelho do julgado divulgado temporariamente no site do Supremo Tribunal Federal. Pouco tempo depois, sua divulgação foi suprimida. Até o fechamento desta obra não havia sido (re)publicada a presente decisão, assim como não se pôde acessar, desde então, pelo site do tribunal julgador, qualquer conteúdo decisório integral, senão, indicativos de acompanhamento do andamento do feito.

2) Vale salientar que a problemática instituída pelo presente julgamento é tão severa que a Advocacia Geral da União (por meio da Procuradoria Geral Federal) interpôs Embargos Declaratórios, buscando parametrizar os efeitos do julgado, tentando, portanto, imprimir-lhe efeitos modificativos e já admitidos para julgamento pelo Supremo Tribunal Federal.

3) E, depois, mesmo praticamente encerrada toda cognição judicial e transitado em julgado o acórdão ajuntado, a Associação Nacional da Magistratura do Trabalho (ANAMATRA) ingressou no feito por meio de petitório formalizado na condição *amicus curiae*, também, decerto, preocupada com os limites e alcances do julgamento e da súmula vinculante que pretende o STF instituir sobre o tema. A extemporaneidade processual do ingresso da associação, porém, acabou de ser declarada pelo Ministro Joaquim Barbosa, impedindo, salvo ulterior modificação, sua participação no feito.

Produção Gráfica e Editoração Eletrônica: PETER FRITZ STROTBEK
Projeto de Capa: R. P. Tiezzi
Impressão: Pimenta Gráfica e Editora

LTr
Loja Virtual
www.ltr.com.br

LTr
Biblioteca Digital
www.ltrdigital.com.br